Alain Pelosato

Terreur végétale

dans les films fantastiques, d'horreur et de SF

sfm éditions

Il m'est venu l'idée de composer cet ouvrage à partir des matériaux de mon travail de plus de vingt années que je poursuis sur la taxinomie du cinéma fantastique et de SF, car le thème m'a été inspiré par l'événement *Court Métrange*, festival du court-métrage de Rennes.

J'avais été invité à cet événement en 2016 par Pierre Pincé, chargé de cours en histoire du cinéma, pour participer à une conférence sur le thème « *Promenons-nous dans les bois...* » Qu'il avait animée.

Je tiens à le remercier chaleureusement !

Les chroniques de film, filmographies et les extraits de la partie *Réflexions*, situés avant 2016, sont extraits de mon ouvrage :
Cinéma fantastique et de SF - essais et données pour une histoire du cinéma fantastique et de SF - 1895-2015
Toutes les chroniques d'œuvres sorties à partir de 2016 sont ici inédites, ainsi que l'introduction et les chroniques de séries télé, et de nombreux films que j'ai vus après la sortie de mon livre cité ci-dessus, même s'ils sont sortis antérieurement à cette date...

© Alain Pelosato
sfm éditions 1 place Henri Barbusse 69700 Givors
ISBN 9782915512045
Dépôt légal novembre 2016

Image de couverture :
Quelques minutes après minuit
film de J.A. Bayona (2017)

Autres ouvrages thématiques de l'auteur

Lovecraft au cinéma – Edilivre - 2011
Vampires au cinéma - Edilivre - 2011
Philip Kindred Dick – 2011
Clive Barker au cinéma - 2012
Zombies au cinéma - Edilivre - 2012
Nature fantastique au cinéma – Edilivre – 2012
Le Gothique au cinéma – Edilivre – 2012
Aliens : généalogie cinématographique - 2012
Lovecraft au cinéma (La suite 2008-2015) – 2015
Stargate et X-files : le guide – Edilivre – 2016

Le livre qui constitue une véritable banque de données sur le cinéma fantastique :

Cinéma fantastique et de SF – Essais et données pour une histoire du cinéma fantastique – 1985-2015 – sfm éditions – 2016

Tous ces livres sont disponibles sous divers formats : ebooks, Kindle, broché...

INTRODUCTION

1) **Le végétal constitue le cadre de l'action qui la rend fantastique : le monstre est le décor lui-même !**

La forêt et tout ce qui lui ressemble règne particulièrement dans ce domaine.

L'architecture gothique imite la forêt. Dans la forêt on est sous le couvert des arbres et la vue ne porte pas loin.

Ainsi le cinéma gothique se définit d'abord comme mettant en place un décor de lieux fermés dans lesquels l'angoisse naît en partie du fait de l'ignorance de ce qui se cache derrière ces obstacles. Dans la forêt le personnage poursuit la quête de son propre personnage, puisqu'il y est en face de lui-même.

Ce décor végétal n'est pas simplement un décor, c'est un monde qui reflète nos mondes intérieurs dans lesquels, comme dans la forêt, la vue ne porte pas loi, tout ce qui nous entoure est caché par ces hautes futaies...

D'ailleurs, il y a un autre décor végétal qui ressemble diablement à la forêt, c'est le champ de maïs. Quand on y est on est autant perdu que dans la forêt.

Les films qui mettent en scène leur action dans la forêt sont très nombreux. Le prologue classique du film d'épouvante c'est la course d'une jeune fille plus ou moins dénudée qui court la nuit dans la forêt poursuivie par un monstre, à forme humaine ou non...

Même les films de pure SF comme **Alien** *(1978)*, **Event Horizon** (1997) se déroulent dans un vaisseau spatial où la bête qui se trouve dans ce décor gothique part à la chasse des passagers.

Parfois c'est aussi *la ville* elle-même qui constitue ce décor angoissant, comme celle de Dark City, qui change de décor à chaque jour qui se lève, comme la forêt qui n'est jamais la même d'une saison à l'autre, d'un matin à l'autre...

Night Shyamalan joue systématiquement sur ces ressorts : les mystères de la nature, la vue limitée, les choses cachées qui nous guettent, pratiquement dans tous ses films, dans certains il utilise aussi le champ de maïs comme dans **Signes** (2002) qui se déroule dans une maison isolée entourée de champs de maïs, ou la forêt, dans **Le Village** (2004)qui se trouve isolé du reste du monde au milieu d'une forêt, qui sera traversée par une jeune fille aveugle pour tenter de sortir dans le monde réel, ou dans **Phénomènes** (2008) où les personnages trouvent des explications à haute voix : « C'est les plantes – c'est le vent ! »

Stephen King, qui ne rate jamais une occasion de saisir des décors angoissants a utilisé celui du champ de maïs avec son roman **Les Enfants du Maïs** dont deux films ont été tirés (1984). Il a également écrit un roman dans lequel le seul personnage, une petite fille s'est perdue dans la forêt (*La petite fille qui aimait Tom Gordon* – 1999). « Le monde a des dents et quand l'envie le prend de mordre, il ne s'en prive pas. » Écrit-il.

Le champ de maïs et les abeilles ont également été utilisés dans le film **X-Files** (le premier en 1998)...

Et puis il y a ce curieux film sur les épouvantails, où toute l'action se déroule dans un champ de maïs : **Husk** de Brett Simmons (2010)... Même le film *Interstellar* (2014) commence dans un champ de maïs !

Et, enfin, c'est dans la forêt que l'on retrouve les deux enfants sauvages du terrible film

Mama (2013), une entité « forestière » qui avait empêché leur père de tuer les deux petites filles.

Dans ce premier point, je classerais ce merveilleux film de **Don Coscarelli** de la série « Les Maîtres de l'horreur » (2005), intitulé *La Survivante*, un *survival* à première vue classique qui montre une jeune fille qui n'a pas froid aux yeux, poursuivie par un tueur psychopathe qui a installé son antre au cœur de la forêt, agrémentée des momies de toutes ses victimes... Coscarelli a fait là un film neuf sur une vieille tradition du film d'horreur.

2) **Le végétal est utilisé comme un moyen horrifique**

Le type même de cette utilisation est la *Mandragore* qu'on fait pousser sous le gibet et son pendu, arrosée par les fluides de la décomposition du corps ainsi que du sperme du supplicié, arrachée par la queue d'un chien. Les adaptations cinématographiques de cette légende se sont arrêtées en 1952. On utilise encore la mandragore, comme plante médicinale ou même magique dans des films sans qu'elle devienne une créature humaine maléfique, par exemple dans le *Labyrinthe de Pan*

(2005). On peut donc classer la mandragore dans le prochain troisième cas aussi.

Et souvent, ici ce sont les racines qui sortent de terre, car on imagine que, dans bien des cas, l'entité fantastique se trouve sous terre. C'est le cas évidemment dans **Evil Dead** (1982) qui se déroule dans la forêt dans laquelle une bande de jeunes se retrouve possédée par des entités lovecraftiennes réveillées par l'idiote déclamation de paroles du *Necronomicon* par un magnétophone trouvé dans la cave et aussi dans **Poltergeist** (1982 et 2015) puisque la maison hantée a été construite sur un ancien cimetière indien. Stephen King, encore lui, avait, auparavant, traité d'un sujet similaire avec son roman **Simetierre** (1989) dont un film et sa suite ont été tournés... là également, c'est dans la forêt qu'on enterre les, morts dans une terre d'un sol spécialement consacré dans ce but par les sorciers indiens...

Il y a aussi l'arbre dont la sève a des propriétés fantastiques du film *Eden Log* (2007), dont le scénario a été écrit par Pierre Bordage. Tout le film se déroule sous terre entre les racines de cet arbre. Cette histoire (on se demande si c'en est vraiment une) me fait penser à un roman de SF que j'avais lu il y a quelques dizaines d'années, dans lequel un vaisseau spatial fuit la terre avec à bord les quelques survivants de l'espèce humaine, traverse des radiations mortelles qui tue tous les passagers sauf un homme qui se trouvait être dans la piscine, l'eau l'ayant protégé de ces radiations... Afin de sauvegarder l'espèce humaine, ce savant biologiste a pris le parti de se transformer en végétal afin d'assurer sa reproduction ? Mais je ne me souviens plus du titre de ce roman.

Dans un film nommé **The Fountain** (2006), celle qui va mourir nous dit, dans une autre vie : « La Genèse parle bien de deux arbres dans le jardin d'Eden : l'arbre de la connaissance et l'arbre de vie. » C'est la recherche, la quête de ce deuxième arbre que nous raconte superbement ce film. D'ailleurs, « la mort est la voie de l'éblouissement ! » annonce le grand-prêtre de l'arbre de vie au conquistador...

3) Le végétal est une créature intelligente

On ne peut pas traiter de ce thème du végétal intelligent sans parler des arbres de Tolkien dans **le Seigneur des Anneaux**, dont Peter

Jackson a fait trois films (2001-2002) et trois autres à partir de **Bilbo le Hobbit** (2012-2014). Tolkien, qui était écologiste avant l'heure[1], met en scène les *Ents*, ces êtres bizarres ressemblant à des arbres et gardiens de ces derniers, possédant une Assemblée démocratique : la Chambre des *Ents* dont les débats et délibérations sont très longs.

Le roi des végétaux cruels et tueurs a été mis en scène dans le film **La Chose d'un autre monde** (1951), dans lequel des scientifiques d'une base polaire retrouvent un extraterrestre décongelé, va semer (c'est le cas de le dire !) mort et désolation dans la base. Cette créature est végétale puisqu'on voit les scientifiques de la base semer les parties qu'elle a laissées et constater qu'elles poussent sous forme de morceau de chair qu'il faut nourrir avec du sang. Un remake de John Carpenter **The Thing** (1982) traitera la chose de manière tout à fait différente... Ce remake sera suivi d'une préquelle au même titre (2011) dans laquelle on apprend ce qu'il se passe avant

---

[1] Lire à ce sujet mon étude sur Tolkien : *Tolkien le conteur de l'écologie*.

les évènements relatés par le film de Carpenter...

Dans le film **Nosferatu** (1922) de Murnau, le professeur Van Helsing – Bulwer relate à ses élèves l'existence d'une plante carnivore. Et n'oublions pas que le grand sorcier Eliphas Levi décrit les vampires : « ... la vie n'existait plus dans l'appareil qui sert à la respiration, mais seulement dans le cœur qui, d'animal semblait devenir végétal. »

Sans conteste la meilleure histoire de terreur végétale est, selon moi, le film **Les Ruines** (2008), dans lequel une bande de jeunes visitent un site avec une ruine de pyramide Maya et sont décimés par une plante grimpante très rustique et très vivace !

Bien sûr il y a le grand classique dans ce domaine, **La Petite boutique des horreurs** (1960), de Roger Corman : un employé minable d'un magasin de fleurs a trouvé des graines dans une poubelle. Une fois plantées, elles donnent une plante qui parle et qui mange les êtres humains. Film culte ! Il existe une séquelle plutôt comédie musicale (1986) par Franck Oz. Le look de la plante a été souvent repris, particulièrement dans *Gremlins 2* (1990).

Enfin, je voudrais vous parler du film ***SHROOMS (Un trip d'enfer)*** (2006) de Paddy Breatnach. Une bande de junkies part dans les bois à la cueillette de champignons hallucinogènes. Ils rencontrent deux dégénérés, mais le danger ne viendra pas de là, mais des champignons eux-mêmes… Mais en est-on vraiment sûr ? Un trip d'enfer ? Oui c'est vraiment l'enfer. Dans une forêt de résineux, les plus noires des forêts. La même forêt que celle de Blair Witch avec son ruisseau, des restes d'une horreur passée ou des fantômes, ou des trips ?

RÉFLEXIONS

La Mandragore.
Dans le domaine de l'occultisme, le cinéma fantastique est assez pauvre. Il est vrai que ce sujet n'est pas facile à traiter. Il y a eu d'abord tous les films sur la **Mandragore**, cette femme artificielle créée à partir de la plante du même nom arrosée par le sperme d'un pendu. Cette créature n'a pas dépassé 1952 au cinéma. Pourquoi ? Certainement parce qu'elle apparaît par trop invraisemblable, la science-fiction ayant habitué les spectateurs à des explications plus rationnelles ; il en est de même d'ailleurs du Golem qui disparut encore plus tôt des écrans pour les mêmes raisons. Il faut dire également que ces créatures pourraient être également classées dans la catégorie des monstres au cinéma.

La forêt et le gothique.
Nous allons revenir à la littérature et appeler à notre secours la remarquable étude de Maurice Lévy : *Le roman "gothique" anglais*, 1764 – 1824.
L'architecture gothique imite la forêt. Ce style architectural peut donc apparaître comme naturel. Dans la forêt, on est sous le couvert des arbres, la vue ne porte pas loin, et le symbole phallique de la futaie n'est plus à démontrer. C'est cette architecture qui est la base de l'imaginaire gothique. C'est pourquoi le cinéma gothique se définit d'abord comme met-

tant en place un décor de lieux fermés dans lesquels l'angoisse naît en partie du fait de l'ignorance de ce qui se cache derrière ces obstacles. Ainsi, un film moderne comme *Alien* de Ridley Scott (1979) s'inscrit bien dans cette classification. Un autre film, comme *Event Horizon...* de Paul Anderson (1997) se déroule dans un vaisseau spatial dont, d'ailleurs, le décorateur a cultivé le style gothique, notamment pour le bloc médical, dans lequel se déroulent les plus atroces événements et qui est conçu comme une crypte d'église.

Si vous avez de l'imagination et que vous la laissez vagabonder, lorsque vous entrez dans une forêt vous avez peur. De quoi ? Vous ne le savez pas. Le lieu couvert, la vue limitée par tous ces obstacles qui peuvent cacher Dieu sait quoi, tout cela entretient la peur.

Dans cette forêt, le chevalier errant poursuit sa quête, essentiellement une quête de son propre personnage, de sa propre nature. C'est ce que fait le héros de *Dark City* d'Alex Proyas, ou celui de *The Crow* du même réalisateur. Dans ces deux films, la forêt est remplacée par la ville, une ville tentaculaire, dont de nombreux aspects rappellent l'architecture gothique, particulièrement dans *Dark City* qui possède la particularité de changer chaque nuit, en même temps que se perd la mémoire de ses habitants, comme celle du personnage du *Château d'Otrante*.

« Le suspense est d'autant plus captivant qu'il est associé à la terreur, principal ressort de l'action. Mani-

festement, l'intention de l'auteur est de faire peur, et il y réussit souvent, moins par les conséquences morales d'actes répréhensibles, que par les circonstances mystérieuses qui les accompagnent. » Maurice Lévy s'exprime ainsi dans son ouvrage *Le Roman "gothique" anglais* à propos du roman *Le Château d'Otrante*. Cette citation peut être aisément appliquée aux films que je qualifie de gothiques. Comme *Event Horizon* de Paul Anderson (1997) : la terreur y est installée dès le début. Une des premières images montre le visage du héros au travers d'un hublot de station spatiale et la caméra s'éloignant brutalement montre l'exiguïté de ce lieu alors que l'espace est immense. Comme la crypte est étroite au regard de la Création.

Le loup-garou.

Un autre mythe de la même orientation que Docteur Jekyll est bien plus fascinant, c'est celui du Loup-Garou. C'est qu'il présente une morale inversée de celui du Dr Jekyll. Il ne s'agit pas du Mal qui est en nous, mais de la Bête ! Et qui osera affirmer qu'il n'a jamais été fasciné par cette bestialité que nous devons réfréner ? Quel plaisir de pouvoir courir dans la forêt et chasser, dévorer à pleines dents…

Nosferatu de Murnau et tous les films de vampires de la Hammer présentent de nombreuses scènes dans la forêt

L'inquiétant Knock vient de recevoir une lettre du comte Orlok, de Transylvanie (ce qui signifie : « Au-delà de la forêt »).
Un vieux monsieur s'approche de Hutter et lui dit : « Vous ne pouvez aller plus loin maintenant, la bête gronde dans les bois. »

La monstrueuse parade de Tod Browning 1932
Dans la forêt, sous la pluie battante, Cléo est poursuivie par d'autres monstres...

La fiancée de Frankenstein de James Whale 1935
Le monstre marche dans la forêt ; il boit dans une rivière alimentée par une belle cascade et voit son image terrifiante reflétée par la surface de l'eau.

Rendez-vous avec la peur de Jacques Tourneur 1957
Une voiture fonce dans la nuit. Ses phares éclairent la route de la forêt et les branches des arbres... Le conducteur affiche un air très préoccupé.
(...)
Finalement, Holden y va tout seul Il emprunte le bois pour entrer en secret dans le bâtiment. Après escalade du mur, pénétration par le grenier, Holden descend lentement un magnifique escalier. Il est filmé de dos, en contre-plongée. Au premier plan, une main entre dans le champ et se pose sur la rampe. Puis, il passe devant une table sur laquelle il voit un chat. Il détourne le regard un instant, et quand il regarde de nouveau, il n'y est plus. Entré dans la bibliothèque, il commence à lire un livre de notes de

Karswell qui donne la clé du livre des démons. Soudain, les portes se ferment toutes seules et le chat, de nouveau présent, se transforme en léopard ! Combat entre l'homme et la bête, Holden saisit un tisonnier qu'il lâche aussitôt. La lumière s'allume et Karswell entre dans la pièce :
— Pourquoi avoir lâché le tisonnier ?
— Il est brûlant !
— Pas du tout, répond Karswell en tenant le tisonnier à deux mains, mais vous êtes tout pâle.
Le léopard ? « Un démon mineur, simple gardien... » D'ailleurs, il est redevenu un chat. Holden repart à travers le bois malgré l'avertissement de Karswell. Il marche dans le bois inquiétant et des traces fumantes s'inscrivent dans le sol derrière lui. Une boule de fumée se forme dans le ciel et poursuit Holden qui finit par fuir, effrayé. À la sortie du bois, l'entité fumeuse arrête de le poursuivre.

Le masque du démon de Mario Bava 1960
Un professeur, le docteur Kruvajan, et son assistant, Andreï Gorobec, voyagent en diligence. Ils se rendent à Moscou pour assister à un congrès et sont en retard. Pour gagner du temps, Kruvajan paie le cocher afin qu'il aille au plus court à travers la forêt. Ce dernier a peur de rencontrer la sorcière dans ce lieu maléfique.

Evil Dead de Sam Raimi 1982. Des jeunes gens ont loué une vieille cabane dans la forêt pour passer un week-end. Dans la cave, ils trouvent un grimoire de magie noire et un magnétophone qu'ils mettent en marche. Horreur, l'appareil contient un enregistrement d'incantations qui font venir d'horribles entités qui prennent possession des pauvres jeunes. Beaucoup de sang et d'horreur, de membres coupés, de tripes à l'air. Il fallait oser non ?

Tolkien et l'écologie

L'écologie chez Tolkien est donc plus une vision sociale que scientifique. D'ailleurs, s'il se donne le mal de citer quelques espèces de la faune et de la flore de la forêt, il ne montre jamais une véritable connaissance de cette science de l'écologie.

Les végétaux sont le plus souvent nommés, et les arbres sont l'objet de toute son attention, à tel point qu'il en fait de véritables personnages. Il y a des bûcherons dans « Bilbo », non pas de grossiers assassins d'arbres, mais de véritables jardiniers de la forêt. La forêt de pins est la première rencontrée, puis, de grands et vieux chênes, une futaie de hêtres (futaie qui montre la présence de bûcherons).

(...)

Les invertébrés ensuite : les abeilles et leurs faux-bourdons, les mouches et les araignées, des papillons dont le « mars-pourpre » « qui recherche les cimes des forêts », des escargots.

Une liste à la Prévert qui montre le soin que prend Tolkien à bien montrer l'intérêt écologique qu'il porte à sa société, le même souci qui le conduit à produire de magnifiques cartes géographiques du pays, support des sociétés qu'il a inventées.

Ce qui est le plus merveilleusement écologique chez Tolkien, c'est la présence d'un réseau serré de cours d'eau, fleuves et rivières que nos héros doivent traverser ou suivre leur cours en suivant la berge ou par la navigation. Un passage de « Bilbo » montre la connaissance qu'avait l'écrivain de la morphologie des fleuves et des conflits d'usage de leur cours. Étant passionné de cours d'eau, je ne peux résister au plaisir de cette longue citation : « La conversation roulait entièrement sur le trafic qui allait et venait sur le cours d'eau et sur l'accroissement de la circulation sur la rivière, à mesure que les routes de l'est à Mirkwood disparaissaient ou étaient à l'abandon ; et sur les querelles entre les Hommes du lac et les Elfes de la Forêt au sujet de l'entretien de la Rivière et de la Forêt et des soins à apporter aux berges.
(...)
La route des elfes à travers la forêt, que les nains avaient suivie sur les conseils de Beorn, arrivait maintenant à une fin incertaine et peu fréquentée à l'orée orientale de la forêt ; seule la rivière offrait encore un moyen sûr pour se rendre au nord, des lisières de Mirkwood aux plaines dominées par la Montagne qui s'étendaient au-delà, et la rivière était gardée par le roi des Elfes de la Forêt. »
(...)
« On aurait dit qu'il y avait derrière, un énorme puits rempli de siècles de souvenirs et d'une longue, lente et solide réflexion ; mais la surface scintillait du présent : comme le soleil qui miroite sur les feuilles extérieures d'un vaste arbre ou sur les ondulations d'un

lac très profond. » N'est-ce pas là une magnifique description de l'idée que nous pouvons avoir (mais que, peut-être, nous avons beaucoup plus de mal à exprimer) d'un très vieil arbre. Et ces Ents, en devenant vieux, finissent par devenir des Huorns, presque des arbres. Tolkien ne manque jamais une occasion de réprouver l'abattage anarchique des arbres. Il le fait par la bouche de Sylverbarbe : « Aux lisières, ils (les gens de Saroumane) abattent des arbres — de bons arbres (...) Bon nombre de ces arbres étaient mes amis. » Puis, dans « Le retour du roi », « La perte et le dommage principaux étaient les arbres, car sur l'ordre de Sharcoux (Saroumane) ils avaient été férocement coupés dans la Comté. »

Vampires au cœur végétal !
Voici comment le célèbre Eliphas Lévi traite des vampires dans son traité *Histoire de la Magie*, édité en 1859 : « (...)

« [...] *Il existe encore un grand nombre de procès-verbaux sur l'exhumation des vampires. Les chairs étaient dans un état remarquable de conservation, mais elles suintaient le sang, leurs cheveux avaient cru de manière extraordinaire et s'échappaient par touffes entre les fentes du cercueil. La vie n'existait plus dans l'appareil qui sert à la respiration, mais seulement dans le cœur qui d'animal semblait devenir végétal. Pour tuer le vampire, il fallait lui traverser la poitrine avec un pieu, alors un cri terrible annonçait que le somnambule de la tombe se réveillait en sursaut dans une véritable mort. (...)* »

Le monstre végétal dans la station polaire.
Dans *La Chose d'un autre monde* (1951) de Christian Nyby, le monstre extraterrestre endormi dans les glaces du pôle, est réveillé par des explorateurs inconscients. La terreur vient de l'existence de ce tueur, si différent qu'il est de nature végétale[2], dans un lieu clos et isolé de tout.

Pour copier les humains, des cosses végétales ?
Dans *L'invasion des profanateurs de sépulture*[3] (1956) de Don Siegel, les méchants extraterrestres ont un développement larvaire identique aux insectes, car ils deviennent adultes dans une chrysalide, appelée « cosse » ce qui tendrait à représenter plutôt un végétal, sales petits aliens qui prennent carrément la place des humains. Don Siegel s'était inspiré d'un roman de Jack Finney (1955), mais avait détourné le propos de l'écrivain pour faire une allégorie anticommuniste...

---

[2] Nature inspirée de celle des "Grands Anciens" dans le très court roman de Lovecraft *Les Montagnes hallucinées,* dans lequel, justement des explorateurs retrouvent des corps de ces entités dans la glace de l'antarctique.

[3] Il y a eu deux remakes à ce film : « L'invasion des profanateurs » (1978) de Philip Kaufman et « Body Snatchers » (1993) d'Abel Ferrara. « Body Snatchers » est le vrai titre du livre de Jack Finney, livre qui ressemble d'ailleurs étrangement à l'histoire de « Le père truqué » (1955) de Philip K. Dick...

Xenocide de Card[4]

Les êtres humains rencontreront d'autres espèces dans l'univers. Sur la planète Lusitania vivent les Piggies. De petits nains sympathiques à la tête de cochons. Longtemps, les « xénologues » (ceux qui étudient les étrangers) ont cherché quel est le mode de reproduction des Piggies (ou pequeninos).Ils découvriront qu'elle se fait selon un système compliqué de synergie entre l'animal et le végétal. Ces pequeninos, au début gênants, feront frôler la catastrophe à Lusitania, mais, comme, selon Nietzsche, de la catastrophe peut naître la meilleure des choses, ils permettront aux humains de faire une énorme découverte scientifique.

---

[4] « Xénocide » d'Orson Scott Card, dernier roman de la trilogie « Ender ». Un film a été réalisé qui adapte le premier de ces romans : « La Stratégie Ender ».

CHRONIQUES DES FILMS

Nosferatu de Murnau (1922)
Notamment, le professeur Bulwer, relate à ses élèves l'existence d'une plante carnivore particulièrement cruelle. C'est avec des frissons d'horreur que les élèves observent les mystères de la nature. La plante carnivore se referme sur une pauvre mouche dont on voit l'agonie au travers des longs cils. « Comme un vampire n'est-ce pas ? »

La Mandragore de Henrik Galeen (1927), la Mandragore se dit Alraune en Allemand, d'où le nom donné à la merveilleuse jeune fille produite grâce à la fécondation par le sperme d'un pendu.
On connaît d'autres versions qui s'appellent toutes *Alraune* : Eugen Illes (1918) – Michael Curtiz (d'origine hongroise et qui s'appelait alors Mihaly Kertesz) (1918) – Richard Oswald (1930) – Arthur Maria Rabenalt (1952).

La Fiancée de Frankenstein de James Whale (1935), le meilleur de tous les *Frankenstein*. Scène sublime d'humanité avec le violoniste aveugle et fabuleuse coiffure de la fiancée, coiffure reprise dans *Frankenstein junior* de Mel Brooks (1974). Voir au chapitre des chefs-d'œuvre.

La Chose d'un autre monde de Christian Nyby (1951), avec quel mépris certains critiques parlent de la « *carotte extraterrestre* » pour parler de l'alien de ce film qui m'avait terrifié dans mon enfance. Beaucoup de critiques attribuent sa réalisation à Howard Hawks qui en fut le producteur, mais, pitié laissons à Nyby la paternité de son chef-d'œuvre ! Cette histoire est adaptée d'une nouvelle de John W. Campbell *La Bête d'un autre monde* (1938). Campbel qui s'est visiblement largement inspiré d'un petit roman de Lovecraft *Les Montagnes hallucinées*. C'est le chef-d'œuvre des films d'épouvante des années cinquante. La scène au cours de laquelle les savants ont planté les graines du monstre et se sont aperçus qu'elles ont germé n'a jamais été égalée.
John Carpenter a réalisé en 1982 un remarquable remake. Un autre remake de la période faste du cinéma fantastique espagnol, avec Peter Cushing et Christopher Lee : *Terreur dans le Shangaï express* (1972) par Eugenio Martin, reprend tous les ingrédients de Dracula, Frankenstein, DrJekyll et les morts-vivants...

L'invasion des profanateurs de sépultures de Don Siegel (1956) et **L'invasion des profanateurs** de Philip Kaufman (1978) ainsi que **Body Snatchers** d'Abel Ferrara (1993). Ces trois films sont tirés du roman *Body*

Snatchers de Jack Finney (1954), qui avait été accusé d'anticommunisme, car on faisait le rapprochement entre les extraterrestres qui envahissent l'esprit et le corps des humains avec l'idéologie communiste...

Le Sang du vampire de Henry Cass (1958)
C'est le retour de la Hammer dans les salles. Donc Artus Films profite de ce regain d'intérêt pour éditer des films de ce superbe studio relativement oubliés. Et c'est formidable.
Ce film contient donc tous les ingrédients du film d'horreur british des années 50 : l'assistant du vampire difforme, les belles serveuses aux profonds décolletés à la taverne, le chirurgien genre Frankenstein, et les couleurs, superbes couleurs ! Et aussi les chevauchées dans la forêt, l'arrivée au sinistre château qui est une prison et le laboratoire dans les sous-sols gothiques du château.

Voyage au centre de la Terre de Henry Levin (1959), adaptation de Jules Verne. Plus de l'aventure que du fantastique.

La Révolte des Triffides de Steve Sekely et Freddy Francis (1962). Je me souviens très bien de ce roman de John Wyndham publié si mes souvenirs sont bons chez Fleuve Noir. Assez terrifiant. Le film lui est un peu vieillot, mais possède ce charme irrésistible des vieux beaux...

Twice-Told Tales de Sidney Salkow (1963). Salkow a réalisé l'année suivante "Je suis une légende" adapté du roman de Matheson. Twice-Told Tales, jamais projeté en France à ma connaissance (sauf à la télé) est un petit bijou de film d'horreur qui adapte trois contes de Nathaniel Hawthorne (donc, trois contes puritains...), ce qui est suffisamment rare, car c'est un auteur difficile à adapter à l'écran :

- *L'Expérience du docteur Heidegger :* De l'eau de jouvence trouvée qui sourd dans le caveau où repose le corps de Sylvia. Les deux frères retrouvent la jeunesse grâce à cette eau et redonnent vie à Sylvia. Mais cela va faire ressortir les cadavres des placards et la malédiction règne, car elle est la mère de la culpabilité.
- *La fille de Rappaccini :* Une très belle jeune fille dans un si beau jardin à Padoue. Mais cette jeune fille est empoisonnée ! C'est la punition de son père qui veut la préserver du péché et la garder pour lui seul.... Ah ! La culpabilité !
- *La Maison aux sept pignons :* Cette maison est le siège d'une malédiction. Et (donc) elle est hantée. Toujours la culpabilité. Et un amour interdit.

L'esprit puritain et le sentiment de culpabilité de Hawthorne dont un ancêtre fit brûler les sorcières de Salem sont vraiment bien rendus.

Le train des épouvantes (1964) de Freddie Francis

Le Peuple des abîmes de Michael Carreras (1968). Je me souviens très bien d'avoir vu autrefois au cinéma la bande-annonce de ce film. Je n'ai jamais oublié la scène qui montre la chaloupe de sauvetage sur une mer d'huile avancer lentement dans le brouillard au milieu d'horribles et gigantesques algues, monstrueuses. Hélas je n'ai jamais eu l'occasion de voir ce film jusqu'à récemment. Et je n'ai pas été déçu par rapport à l'effet qu'avait produit sur moi la bande-annonce. Un très bon petit film sur la mer, les horreurs qu'elle cache ; des aventures fabuleuses... Ces thèmes ont été repris par *Viru*s et *Un cri dans l'océan*.
Inspirés des œuvres de *William Hope Hodgson* et de Lovecraft.
Bibliographie sommaire des œuvres de *W. H. Hogdson* :
L'horreur tropicale (1905)
Les Canots du Glen Carrig (1907)
La Maison au bord du monde (1908 : un chef-d'œuvre !)
Les Pirates fantômes (1909) (Qui a inspiré les films Pirates des Caraïbes)
Carnacki et les fantômes (1910)
Le Pays de la nuit (1912)
La Chose dans les algues (1914 - nouvelle dont un film a été tiré : *Le Peuple des abîmes* de Michael Carreras – 1968)

Wicker Man de Robin Hardy (1973). Délicieux film avec Cristopher Lee sur un scénario d'Anthony Shaffer. Les cultes celtiques, entièrement assis sur la nature, contre le christianisme. Le "Wicker Man" – gigantesque homme en osier dans lequel on sacrifie un être humain en allumant l'osier avec l'être humain à l'intérieur – clôt le film avec ce génial brin d'épouvante sans effet spécial. Excellent film qui n'a pas rencontré suffisamment de public...

Centre Terre 7e continent (1976) Voyage au centre de la Terre ou vivent des primitifs opprimés et des créatures monstrueuses.

Les Vierges de la pleine lune de Paolo Solvay (Luigi Batzella) 1973
Une fille court dans les bois en chemise de nuit : ultra classique !
À la recherche d'un anneau maléfique au pays des vampires. Au château de Dracula !
Ce château a été vu dans de nombreux films de même catégorie...
Le réalisateur tente quelques plans expressionnistes. Et des plans osés : les promenades solitaires dans le château sont filmées en contre-plongées au plafond.
Les scènes d'amour sont ennuyeuses.
À la photographie c'est Aristide Massaccesi, qui est un des nombreux pseudonymes de Joe D'Amato.

Creepshow de George A. Romero (1982), sketches fantastiques élaborés avec Stephen King. Devant le succès de ce film, un *Creepshow 2* a été réalisé par Michael Gornick en 1987. Le sketch *L'autostoppeur*, en hommage à un sketch du même titre de l'émission télé *La Quatrième dimension* est un chef-d'œuvre de gore au service du fantastique quotidien.

La Créature du marais (1982) Un petit film de sériez Z adapté d'un comic. (Il y a eu une séquelle : *La créature du Lagon* (1989) de Jim Wynorski, assez agréable également...)

Evil Dead de Samuel Raimi (1982), une bande de jeunes passent le week-end dans une cabane isolée dans la forêt, séjour loué dans une agence. Dans la cave, ils trouvent un manuscrit de peau et un magnétophone. Ils écoutent de mystérieuses incantations psalmodiées sur la bande. Elles appellent d'horribles démons invisibles qui possèdent les corps et les esprits. « Viens avec nous... » Entendent-ils murmurer dans leur crâne. Ce film que Sam Raimi a réalisé à vingt-deux ans avec un très faible budget est devenu un film culte. Gore et terreur grandiloquente produisent deux effets : la terreur ou le rire devant les exagérations du film. C'est en tirant parti de ce deuxième effet que Sam Raimi a réalisé deux suites de plus en plus extravagantes : *Evil Dead 2* en 1987 et *L'armée des ténèbres* en 1993.

Poltergeist de Tobe Hooper (1982), une famille américaine bien tranquille, une maison dans un lotissement moderne, mais hantée. La hantise se manifeste d'abord par la télévision... Effets spéciaux impressionnants. Un vrai renouvellement du thème de la maison hantée qui a su sortir de l'ambiance gothique. Suites : *Poltergeist II* de Brian Gilson 1986 et *III* de Gary Sherman 1988.

Simetierre de Mary Lambert (1989), quelque fois la mort est préférable. Pas aussi bien que le roman de Stephen King. La suite : *Simetierre 2* de la même en 1992.

La Nurse de William Friedkin (1990). Auprès de mon arbre je vivais z'heureux... On ne s'ennuie pas avec ce petit film du réalisateur de *L'Exorcisme*. Y a-t-il d'autres films avec des arbres fantastiques et vicieux ? Je me souviens évidemment de *Sleepy Hollow* de Tim Burton... et puis j'ai de vagues souvenirs de films avec Hercule ou Maciste. Mais ça va me revenir !

Leprechaun de Mark Jones (1992)
Un père et sa (jolie) fille emménagent dans une maison inhabitée depuis dix ans. Dans la cave, le Leprechaun est resté enfermé depuis tout ce temps.
« Cette maison, tu l'as reprise au comte Dracula ? » Demande la fille écœurée.
Cette jeune fille est jouée par la comédienne Jennifer Allison. Elle porte une petite robe qui donne juste envie de la lui enlever, c'est vrai quoi... qu'est-ce qu'elle a à nous montrer qu'elle cache un si joli corps ?

Ah ! La revoilà ! Elle a changé de tenue : elle porte un débardeur moulant et un short. Il ne faut pas trop en cacher.
Donc, ils réveillent le Leprechaun, bien sûr. Le farfadet cordonnier !
Nous assistons tout au long du film à la lutte incessante, et sans vraiment d'intérêt, entre le Leprechaun et... tout le monde, car il veut récupérer son or !
Un peu lassant...
« *Le Leprechaun (...) le cordonnier du Petit Peuple* », écrit Arthur Machen dans *Le Petit Peuple* (1927).
Il y a deux suites qui font une série...

Leprechaun 3 : Leprechaun à Las Vegas de Brian Trenchard-Smith) 1995.
« *Le Leprechaun [...] est le cordonnier du Petit Peuple* » écrit Arthur Machen dans sa nouvelle *Le Petit Peuple* (1927). Ce film, comme son titre l'indique est la troisième séquelle du petit gnome cruel qui adore l'or. Je n'ai pas vu le deuxième. Celui-là se tient.

Darkly Noon de Philip Ridley (1995), dans une forêt mythique, un personnage mystique et le châtiment du péché.

Anaconda, le prédateur de Luis Llosa (1997), un serpent géant qui avale ses proies humaines comme vous gobez un œuf ! Ce film pourrait être classé dans la catégorie des films sur la nature terrifiante. Cette catégorie a été inaugurée par *King Kong* (Schœdsack et Cooper – 1933), le gorille monstrueux, le seul monstre de la nature qui fut à plaindre. Bien plus tard, Steven Spielberg relance le mythe avec *Les Dents de la mer* (1975), et puis Stephen Hopkins nous offre des lions avec *L'ombre et la proie* (1996). Il y a eu aussi *Razorback* (Russel Mulcahy – 1984) qui met en scène un sanglier chasseurs de chasseurs. Que ce soit des requins ou des lions, on a affaire à un prédateur sans pitié comme savent l'être ces êtres instinctifs. Longtemps, ce qui était fantastique c'est que de tels monstres pouvaient avoir une origine humaine. Ce fut le cas dernièrement encore avec *Relic* (Peter Hyams – 1997). Mais *Anaconda* s'inscrit bien dans cette tradition du monstre "naturel", d'une monstruosité de la nature qui n'est dangereuse que parce que l'homme y met son grain de sel. D'ailleurs, les hommes font un dieu de tels prédateurs. Et ce n'est pas chez le monstre qu'on trouve le démon, « *mais en chacun de nous* » comme le déclare le méchant chasseur de serpents. Ce film est intéressant à bien des égards. D'abord pour la perfection de ses effets spéciaux : un vrai cours magistral sur la méthode de chasse de tels serpents. Effrayant ! Ensuite pour l'étude minutieuse de la nature et de ses dangers présents dans un système fluvial puissant comme celui de l'Amazone. L'homme lui, ne doit pas se laisser aller à ses instincts. La scène des lucioles et de leurs appels lumineux pour la reproduction sert de cours didactique sur ce sujet.

In the Woods de Lynn Drzick (1998)
Ça commence avec une scène d'intervention de pompiers. Curieux non ? Puis on s'emmerde un peu. Mais on continue à regarder. La scène de ménage ensuite est très mal jouée. Ça donne pas envie de continuer, mais on continue quand même. Après dix-huit minutes de film, deux personnages font une virée dans la forêt avec chacun un fusil. Pour chasser quoi ? Ils trouvent dans une clairière une espèce de tombe de bric et de broc. Comme des gens ont disparu dans le coin, ils creusent pour savoir ce qui est enterré là. Ils trouvent un crâne avec trois cornes et de grosses dents. Ils ont peur. Après, ils retournent au bar... Le pauvre Alex, il a des problèmes alors il boit et Hélène ne comprend pas. On s'ennuie toujours à la trentième minute ! Alex trouve des restes humains en sortant de son garage, mais l'ennui persiste. C'est incroyable ce que c'est mal joué. Ne parlons pas des dialogues bâclés. Tout cela me fait penser aux films... d'Ed Wood Junior. Bon... le jeu de mots était trop tentant... Et quand les "effets spéciaux" arrivent, le jeu de mots se confirme !

Stigmata de Rupert Wainwright (1999). Ah la belle Patricia Arquette ! *« Brise un morceau de bois et Je suis là »* – *« Soulève un caillou et tu Me trouveras »*, lit-on dans l'évangile selon Saint Thomas. Ces textes sont classés par Wainwright comme *« les plus belles choses »* qu'il a pu lire dans sa vie...[5]

---

[5] Interview dans Mad Movies N° 123

Le Projet Blair Witch de Eduardo Sanchez et Daniel Myrick (1999). Ah ! Voilà un film de génie ! Un procédé cinématographique pour raconter une histoire en dehors de toutes les normes vues jusqu'ici, en dehors, complètement en dehors de la "grande forme" et des codes hollywoodiens. Le film commence par un carton. Ça n'a l'air de rien, mais cela commence déjà à développer chez le spectateur une petite angoisse. Beaucoup d'ailleurs croient, à la fin du film, que c'est une histoire vraie ! On a affaire à des images en vidéo « amateur » et en film seize millimètres noir et blanc. Des personnes du cru nous parlent de forêt hantée d'un ermite qui a tué sept enfants... Et notre équipe part à la recherche de la sorcière de Blair en forêt. « *Et pourquoi tu filmes tout, les conversations comprises ?* » demande l'un des deux garçons à la fille. Le spectateur se le demande aussi. Une allusion au film *Délivrance*, des "messages" étranges laissés par on ne sait qui (tas de pierres, simulacres de corps pendus...) et ils se perdent dans la forêt... Petit à petit, ils sont saisis par l'horreur, surtout la nuit, car les sons (des cris humains, d'enfants et de leur compagnon disparu) sont entendus en *off* alors que l'image est complètement noire, car l'obscurité est complète dans la forêt. N'avez-vous jamais été vous promener la nuit dans la forêt ? Cela peut être terrifiant. Cela dépend de votre imagination... Soudain, le spectateur prend peur. Il ne sait pas pourquoi, la peur des personnages est partagée. Le gros plan sur une partie du visage de la jeune fille qui dit (entre autres) : « *J'ai peur de fermer les yeux et j'ai peur de les ouvrir...* » est stupéfiant ! À la fin, ils retrouvent la maison abandonnée, dont les murs portent les marques de petites mains d'enfants (voir le début...) et aussi la mort, puisque le carton du début nous apprend qu'ils ont disparu et que l'on a juste retrouvé le film que vous venez de voir... Un film étonnant et génial !

Sleepy Hollow de Tim Burton (1999). Je me suis précipité pour voir ce film de Tim Burton qui adapte la légende tirée d'une nouvelle de Washinton Irving *La Légende de Sleepy Hollow*. Pensez donc, il y a le sublime Johnny Depp, mais aussi les grands du fantastique : Martin Landau (très vite décapité), Christopher Lee (en juge arrogant), Christopher Walken aux dents très pointues ! L'hommage aux films dans lesquels ils ont joué est très clair. Les images et les décors expressionnistes ont ravivé mes souvenirs de cinéphile : *Le Loup-garou* (1941) de George Waggner – *L'homme invisible* (1933) de James Whale – la forêt des films de Dracula de la Hammer, etc. Le voyage vers l'horreur du début renvoie à *Dracula* et ses diverses versions. Johnny Depp, un acteur qui ne cherche pas à soigner son image, mais seulement à faire correctement son travail, campe magistralement un détective de l'étrange qui représente le rationnel dans une histoire qui ne l'est pas du tout ! Il est d'ailleurs ridicule avec ses instruments d'investigation scientifique. S'il finit par avoir raison, c'est aussi l'irrationnel qui l'emportera à la fin. Mais son problème, c'est le jeune garçon qui le définit en lui disant : « *Vous êtes possédé par la raison.* » « *Les apparences sont trompeuses* », dit-il en faisant tourner son image qui crée l'illusion d'optique d'un oiseau en cage. Et, puis, reviennent ses rêves terrifiants, plutôt des souvenirs de l'horrible assassinat de sa mère par son père, avec une "vierge de Nuremberg". La terreur qui monte de notre inconscient est-elle si irrationnelle que cela ? Il y a aussi une sorcière excellente, la sœur de la marâtre, inévitable belle-mère des contes de fées, un arbre qui saigne, « *passage, porte entre deux mondes* ». Un seul défaut : l'explication laborieuse enlève tout le mystère bien avant la fin, qui devient tout simplement et brutalement une affaire d'enquête policière.

Promenons-nous dans les bois de Lionel Delplanque (2000). Superbe prologue et générique. Ça commence un peu comme *Massacre à la tronçonneuse*. Les comédiens (pas ceux qui jouent dans le film, mais les personnages qui sont comédiens) sont un peu cons ! Une forêt superbe qui renvoie aux contes de fées, bien sûr, mais aussi à d'autres films, comme *Le Projet Blair Witch*, *La Nuit du loup-garou* et... *Evil Dead*. Il y a d'ailleurs plein de références aux contes : Wielfried lit *Le Roi des aulnes*, le prologue montre une femme qui raconte *Le Petit chaperon rouge* à un enfant alité, les trous de serrure renvoient à *Barbe bleue*, et puis qui vous empêche de penser à Cocteau ou Franju ? Le scénario ressemble beaucoup à l'histoire de *Dix petits nègres* d'Agatha Christie. Le réalisateur tourne de manière "intellectuelle" jusqu'à l'exacerbation. Il rend hommage à Dario Argento, tout le long du film avec cet expressionnisme des couleurs, mais avec des scènes comme celle du gros plan sur les mains gantées qui saisissent un instrument tranchant ! Il nous fait sursauter avec le son (comme dans *La Maison du diable* de Robert Wise) : le bruit de la flamme du briquet (suivi par un gros plan), le déclic de l'appareil photo fait autant de bruit qu'un battement de tambour. Au début on est un peu agacé par ce style un peu prétentieux, mais on finit par succomber au charme macabre de ces images et de ces plans d'ombre et de lumières de couleurs...

Le Seigneur des anneaux : La communauté de l'anneau de Peter Jackson (2001). Je n'ai jamais été un grand passionné de fantasy, donc de Tolkien. Ceci dit, il n'est pas question de nier l'immense talent et l'immense travail de cet écrivain. Il fallait quelqu'un de sa stature pour adapter son œuvre au cinéma. Et aussi, peut-être surtout, les nouvelles techniques du cinéma. Donc un film d'aventures magnifique. Des images époustouflantes. J'ai interrogé les jeunes enfants qui avaient regardé la séance avec moi :
— *Alors les enfants ? C'était bien ?*
— *Ah oui !* Me répondirent-ils, complètement subjugués.
Voilà donc ce qui m'a ennuyé dans ce grand film : tout a été lissé pour être un film grand public. Les monstres ne font pas peur, les combats sont illisibles

(on ne voit rien !) J'en suis convaincu, Tolkien, qui a écrit *Bilbo le Hobbit* pour ses enfants serait d'accord avec ce film. Moi je me suis un peu ennuyé...

Le Seigneur des anneaux : les deux tours de Peter Jackson (2002). Ouahou ! Excellent film. Jubilatoire, lacrymogène et tout...

> *– Je ne crains ni la mort, ni la douleur*
> *– Et que craignez-vous alors ?*
> *– La cage !*

Voilà un dialogue qui sied bien à Tolkien qui aurait voulu que l'espèce humaine se libère de la technologie. C'est tout ce qu'il exprime dans son histoire et qui est fabuleusement bien filmé par Jackson ! Contrairement au premier épisode, dans celui-ci (et le suivant) on a bien plus de plaisir de retrouver tous ces personnages quasiment vivants grâce à la magie du cinéma.

Le Seigneur des anneaux : le retour du roi de Peter Jackson (2002). Sublime, incroyable, phénoménal ! Les mots manquent pour définir un niveau aussi élevé d'enthousiasme. Jamais rien vu de pareil...

Détour mortel de Rob Schmidt (2003). Une histoire de cannibales qui vous guettent dans la forêt... Horreur. Un hommage à *Délivrance* qui est d'ailleurs cité par un des personnages et une espèce de remake de *Massacre à la tronçonneuse*. Mais attention ce *Détour mortel* est un chef-d'oeuvre d'horreur extrêmement bien filmé et sans facilités humorisitiques. Le spectateur est tendu du début à la fin et même plus. Bravo !

Van Helsing de Stephen Sommers (2004). Excellent film de divertissement. Stephen Sommers a réussi un tour de force avec ce scénario : il reprend tous les grands personnages fondateurs du fantastique moderne et les rassemble dans une seule et même aventure. Une fois fait cela semble aller de soi, mais là je vous assure que c'est très difficile. Le Dr Jekyll (au début seulement... avec donc un hommage à la *Ligue des gentlemen extraordinaires*), Frankenstein, Dracula, le loup-garou.! Il y a aussi de nombreux hommages à d'autres personnages de films plus récents : évidemment Indiana Jones avec l'incroyable scène de la diligence et d'autres choses encore, le Dracula de Coppola avec la rivière au fond du gouffre, et puis même une réplique d'Anna à la fin qui est un hommage flamboyant au film de Sergio Leone *Le Bon, la Brute et le Truand*, les scènes de chevauchées dans la forêt tirées des films de La Hammer et *Aliens* (la scène avec Anna et le loup-garou dans le château et les "œufs" de vampires). Il y a aussi James Bond (la scène dans le labo avec les gadgets) et *Vampires* de Carpenter avec le rôle de l'Église dans l'intrigue. Le prologue en noir et blanc qui rend hommage au *Frankenstein* de James Whale est superbe. Quelques petites scènes qui renvoient au "Nosferatu" de Murnau (tâchez de les découvrir...), au *Bal des vampires* de Polanski (d'ailleurs Dracula ressemble étrangement à Polanski...), et puis sans savoir exactement quoi, bien des choses me font penser au *Masque du démon* de Mario Bava.

Enfin bref, je n'ai jamais vu un film qui rassemble autant de références cinématographiques, bien plus que celles de l'Universal... Alors ce film est une pépite pour le grand public et *aussi* pour le cinéphile. Le générique de fin à lui seul est un chef-d'œuvre...
Les effets spéciaux sont superbes et les trois fiancées de Dracula aussi ! D'ailleurs voici ce qu'en dit Stephen Sommers interviewé par Marc Sessego dans Sfmag N° 43 : « *Le problème est qu'il y a très peu de jeunes femmes à la plastique superbe sachant jouer. On (avec Coppola NDLR) a vraiment cherché partout, et je suis tombé sur cette cassette d'Elena Anaya et j'ai été tellement impressionné que je me suis dit : c'est elle qu'il me faut.* » Les décors sont somptueux, très suggestifs et très vraisemblables ; la photo est également très belle.

Le Village de M. Night Shyamalan (2004). C'est un thriller philosophique. Je dirais même religieux. Comment et dans quel but mettre en place une superstition qui crée la terreur pour mieux s'isoler d'un monde (le nôtre) encore plus terrifiant. Shyamalan est un mystique et, souvent, les mystiques ont plus d'imagination que les autres. Son scénario est excellent. Le cinéaste utilise les gros plans pour cacher au spectateur ce qu'il doit s'imaginer, car son imagination est bien mieux évocatrice que l'image elle-même. Et ne croyez pas qu'il suffit de faire un gros plan comme ça. Non ! C'est tout un art. Comme la couleur et la photo qui sont également très suggestives et très oniriques. Shyamalan est toujours aussi bon, même dans une histoire aussi rationnelle – en fin de compte –, mais qui renvoie à nos terreurs les plus instinctives, celles de la forêt, par exemple...

Alien Apocalypse de Josh Becker (2005)
C'est la fin du règne de l'homme depuis que les Termites ont envahi la Terre !
Un pastiche de *La Planète des singes* de Franklin J. Shaffner (1968)
Avec le prodigieux Bruce Campbel (*Evil Dead*...).
Quatre astronautes reviennent sur Terre après 40 ans d'absence en hibernation. La terre est dominée par les Termites, les hommes emprisonnés et bâillonnés.
Ces Termites consomment la cellulose du bois, les télévisions et les doigts humains. Elles me font penser au film *Les Premiers hommes dans la Lune* de Nathan Juran (1964).
Les dialogues sont délirants de stupidité. Le scénario mélange les histoires de plusieurs films post apocalyptique. Notamment *Independence Day* (1996) à rebours.
Josh Becker est réalisateur dans la série Xena la guerrière.

Le Pacte du sang de Renny Harlin (2005)
Ce film n'est pas désagréable.
Les jeunes gens sont très beaux et les jeunes filles sont très belles, et jouent très bien (ce qui montre la qualité du réalisateur, car ce sont des débutants).

Une bataille entre sorciers pour le pouvoir, ce pouvoir qu'ils ont, mais qui les détruit physiquement s'ils en abusent. Plus ils l'exercent, plus leur corps vieillit prématurément.

Il y a tous les ingrédients : la forêt - temple de la sorcellerie - la vieille bâtisse et le livre maudit...

On devine assez vite qui est le méchant et le téléphone portable sonne dans la crypte...

On passe un bon moment en compagnie de beaux ados sympas...

Le Labyrinthe de Pan de Guillermo del Toro (2005)
Del Toro a une double carrière : celle des films à grands spectacles comme *Mimic, Blade 2 et Hellboy*, et celle des films plus profonds et tout aussi fantastiques comme *Cronos, L'échine du diable* et ce *Labyrinthe de Pan*.

Dans ce dernier film, on retrouve les deux ingrédients du premier – *Cronos* - : le sang et l'horloge, l'obsession de l'éternité ; mort ou vif, l'essentiel est de ne pas être oublié... C'est ici l'obsession du père (qui est aussi *beau-père* de l'héroïne, une petite fille qui doit devenir la princesse du monde des fées...) qui bichonne la montre de son propre père, montre que ce dernier avait cassée juste avant le combat où il allait mourir pour fixer l'heure de sa mort dans l'éternité.

Le sang, c'est aussi celui de la guérison grâce à la mandragore placée sous le lit de la mère enceinte et mourante. C'est aussi le sang qui fera reculer la petite princesse...

Le film commence par un court prologue sur la princesse du monde des fées. Il annonce déjà la terrible fin par une image à rebours. Il plante le décor, celui de la forêt où la petite jeune fille redonne un œil à une statue étrange et rencontre une fée sous forme d'un gros et long insecte volant. Del Toro reprend ici le son de ses insectes dans *Mimic*... Cet insecte – une fée je le rappelle..- fera le lien tout au long du film entre le monde réel et le monde des fées (imaginaire : donc, il existe en tant que fruit de l'imagination !).

Le livre que reçoit l'enfant des mains du faune est appelé "Le Livre de la croisée des chemins" et la petite jeune fille devra passer trois épreuves pour être reconnue comme la reine des fées.

En attendant, son beau-père traque les derniers combattants républicains de la guerre civile espagnole (nous sommes en 1944).

Retrouver le monde des fées pour la toute petite jeune fille, c'est alors échapper à ce monde terrifiant et cruel, le vrai monde de l'horreur ! Y parviendra-t-elle ?

Car, comme le dit le beau-père à sa femme, mère de la petite future ex-reine des fées : "Vois où mènent les lectures de ta fille !"

La traduction française du titre (*Le Labyrinthe du faune* en espagnol) reprend le grand dieu Pan de mon cher Arthur Machen. Pan dont le petit peuple enlevait les enfants des humains...

Un petit clin d'œil à Machen et son "successeur" Lovecraft", dont le fantastique de Guillermo del Toro est imprégné par son fantôme ?

The Wicker Man de Neil Labute (2006)
Le remake du film homonyme de 1973 avec Christopher Lee.
Un motard de la police, une voiture qui perd une poupée, un accident terrifiant, le policier tente d'aider, mais il est assommé par l'explosion.
Une ancienne relation lui écrit pour l'appeler à l'aide, car sa fille a disparu. Il va la rejoindre sur une île perdue au large de Seattle. Il n'y a même pas le téléphone.
Une île inhospitalière, c'est surtout les femmes qui le sont...
Et il y a l'homme d'osier (The Wicker Man).
Rêves et cauchemars.
Nicolas Cage est excellent. C'est un grand acteur quand il le veut et quand on lui en donne l'occasion.
Finalement il se retrouve prisonnier de l'île.
Il y a un grand livre, le Livre des Anciens ».
« Nous avons nos propres croyances et ce sont elles qui dictent les lois ... » lui dit-on.
Curieusement cela résonne dans l'actualité.

The Fountain de Darren Aronofsky (2006)
C'est un film sur la mort. Mais ce n'est pas un film macabre, c'est un film ultra romantique, sur l'amour et la mort, car c'est dans la mort seule que l'amour est éternel....

Le prologue montre une bataille entre des conquistadors et des Mayas dans un pays de ce qui sera l'Amérique latine. Nous apprendrons plus tard, au détour d'une conversation qu'il s'agit du Guatemala.
Puis on passe à une scène d'anticipation puis on vient à l'époque contemporaine.
En quelques images très belles et très absorbantes, le réalisateur nous présente un résumé du cycle du film.
Mais ne croyez pas être quitte en pensant voir tout vu. Car à ce stade du film on n'a encore rien vu !
Celle qui va mourir nous dit, dans une autre vie : « La Genèse parle bien de deux arbres dans le jardin d'Eden : l'arbre de la connaissance et l'arbre de vie ».
C'est la recherche, la quête de ce deuxième arbre que nous raconte le film. La motivation de cette quête sera la mort de la bien-aimée.
Ce film est un chef-d'oeuvre.
Darren Aronofsky s'est donné beaucoup de mal pour créer un film nouveau, avec plein d'inventions artistiques et des plans audacieux.
Voici quelques exemples : gros plans (très gros plans) sur les visages, et même la peau avec la naissance des cheveux – images tête en bas, surprenante pour l'arrivée d'une voiture dans une route nocturne éclairée par des luminaires, mais aussi pour une chevauchée du cavalier qui va vers la reine d'Espagne, puis la caméra pivote et montre le véhicule (ou le cavalier) s'éloigner vers son but (extraordinaire, il fallait y penser et l'oser) – plan plongeant à la verticale sur la reine et le conquistador, qui écrase les personnages

sous leur destin – l'ombre sur les escaliers de l'homme qui les gravit, prise également dans un plan plongeant à la verticale (scène à relier avec celle dans laquelle la reine déclare : « Même l'ombre la plus noire est conquise par la lumière du jour... ») – travelling sur le héros avec un son étouffé, pour montrer sa coupure avec le réel et puis l'explosion des sons quand il prend conscience de la réalité – plan rapproché sur la structure du revêtement mural de l'ascenseur qui montre comme une croisée des chemins – fabrication du tatouage en très gros plan avec le sang qui coule - ...
Vous l'avez compris, le récit n'est pas linéaire, c'est vrai, mais le spectateur est guidé par de véritables créations cinématographiques ! Ceux à qui cela a échappé passent à côté du film....
« La Mort est la voie de l'éblouissement ! » annonce le grand prêtre de l'arbre de vie au conquistador. La Mort est un acte de création, déclare-t-on aussi dans le film, et non une maladie comme l'affirme Tommy le docteur...
Pour le comprendre, il suffit de ne pas avoir peur...
La Mort est la création de la vie même, comme cet arbre de vie qui a poussé dans le ventre de l'homme... car « le sang des morts nourrit la Terre »....

SHROOMS (Un trip d'enfer) de Paddy Breatnach (2006)

Le prologue se veut terrifiant avec des flashs de corps mutilés, flashs entrecoupés de vues d'une fille effrayée qui court dans la forêt. Pas très original.
Une bande de jeunes rigolos va à la cueillette de champignons hallucinogènes.
Ils rencontrent deux dégénérés : « C'est quoi ici ? C'est l'île du docteur Moreau ? »
Un trip d'enfer ? Oui c'est vraiment l'enfer. Dans une forêt de résineux, les plus noires des forêts. La forêt de Blair Witch avec son ruisseau, des restes d'une horreur passée ou des fantômes, ou des trips ? La fin surprend. Pas mal du tout, la fin sauve un scénario en labyrinthe.

Ils de Xavier Palud et David Moreau (2006)
L'histoire se déroule en Roumanie.
Le prologue est très intense, avec un suspense insupportable : la mère et la fille ont un accident de voiture en pleine nuit. C'est terrible !
La maison est reconnaissable, car on la voit dans beaucoup de films...
Une Française qui enseigne le français au lycée de Bucarest rentre chez elle. C'est une jolie brune et son ami à une tête de niais.
Tout commence par un coup de fil incompréhensible reçu par une nuit pluvieuse.
Il n'y a pas d'éclairage public dans la forêt, il y fait nuit noire, on n'y voir rien, on ne peut pas y courir comme ça : on se fiche tout de suite la gueule dans un arbre !

On s'ennuie : c'est long 1 H 13 ! On sait que les ados sont cruels : et que font les éducateurs de protection de l'enfance ?
On avait vu mieux avec Michael Meyers (*Halloween*)

Abandonnée de Nacho Cerda (2006)
Une superbe histoire de fantômes. Une histoire de famille.
Une femme revient en Russie à la recherche de son passé. Elle n'a pas l'air de bien s'entendre avec sa fille Émilie. Elle vient en Russie pour prendre possession de son héritage : une vieille maison située sur une île au milieu de la rivière. Elle avait été adoptée 41 ans auparavant. Sa mère avait été assassinée. Au début, le film semble s'installer dans les clichés du genre : un village sinistre, des gens bizarres, des regards entendus... Mais ne vous y fiez pas.
En route vers la maison dans le camion d'un drôle de type qui l'abandonne en pleine nuit.
Une ombre passe au tout premier plan et traverse le champ de la caméra alors qu'elle filme plus loin la femme. Dans ce film chaque image compte : ne perdez pas l'écran de vue ne serait-ce qu'une seconde. Elle retrouve son frère jumeau dans des circonstances dramatiques. Ils sont tous les deux dans la maison sous le regard des esprits invisibles. L'atmosphère est étouffante. La rencontre que font les deux jumeaux est terrifiante. Il leur faudra affronter leurs propres démons. Puis c'est la nuit dans la forêt, mais la maison se trouvera de toute façon sur son chemin.

« *On dit que quand on voit son double c'est que ton heure a sonné.* » Déclare le frère.
Le son a beaucoup d'importance dans ce film comme dans *La Maison du diable* (1963) de Robert Wise.
« *Il ne faut pas savoir… Ce qui est encore mieux c'est être abandonnée.* », déclare Émilie…

Eden Log de Franck Vestiel (2007)
Tout est dans l'image et la lenteur.
La faiblesse de ce film est dans le scénario assez nul.
Au début l'image clignote. C'est pas bon de faire souffrir ainsi le spectateur…
Un film en noir et blanc ? On ne sait pas, mais on ne voit pas de couleurs. C'est très expressionniste.
Un type se réveille à demi nu dans la boue. Il découvre qu'il se trouve dans un réseau de galeries souterraines. Une image projetée contre un mur lui souhaite bienvenue à Eden Log.
Mais ce type sait-il parler ? Il grogne… Pas content c'est sûr !
Si ! Il parle quand il rencontre un pauvre barbu crucifié sur une paroi au milieu de racines.
Il est donc bien sous terre.
C'est bien un film en couleurs : on en voit à la 25e minute.
Petit à petit notre pauvre naufragé en apprend un peu plus sur l'endroit où il déambule. Mais ce qu'il apprend ne lui apprend pas grand-chose. Il aperçoit des gardes qui semblent le traquer. Mais est-ce bien lui le gibier ? Il y a des monstres et des cris inhumains. Des "mutants" très hideux, méchants et

agressifs. Un botaniste lui fait un discours sur la "plante" et les merveilleuses propriétés de sa sève.
Très énigmatique... Bordage (écrivain français de science fiction qui a écrit le scénario adapté par le réalisateur) ne s'est pas foulé : de l'énigmatique trop facile.
La psychologie des personnages ? Il n'y en a pas. C'en est au point de se demander si ce sont vraiment des personnages, des êtres humains.
Quant au message politique : très lourd !
Le fait que le scénario pourrit le film est dommage, car Franck Vestiel filme très bien. Excellent ! Parfois il me fait penser à Tarkovski. Mais ce dernier avait su s'inspirer de chefs-d'œuvre littéraires de science fiction !
Les bonus du DVD : présentation du film par Jan Kounen (très lourd, visiblement il ne sait pas quoi dire. Il se contente d'affirmer : « Eden Log est un OVNI »)
Making of – Interviews de Clovis Cornillac (acteur principal et quasiment le seul, Vimala Pons, Cédric Jimenez (producteur) – Teasers – Photos – dessins – filmographies – partie Rom.

Phénomènes de M. Night Shyamalan (2008)
Les gens se tuent à Central Park. À proximité les ouvriers d'un immeuble en construction se jettent dans le vide. Puis, un prof demande à ses élèves « pourquoi les abeilles disparaissent dans tout le pays ». « Il y a quelques fois des forces qui dépassent notre en-

tendement ! » conclut-il. Voilà donc la philosophie du film ! Et il faut respecter la Nature surtout !
La scène du pistolet qui sert à de multiples suicides est hallucinante... et notre héros est visiblement cocu.
Tout le monde se tue au nord-est des USA. Toxine terroriste ?
Encore un "phénomène" anormal ! « C'est les plantes ! » déclare un personnage. « Le danger c'est le vent ! » se demande notre héros. « Et la taille des groupes... »
Shyamalan ne fait pas ses films comme les autres films. C'est pourquoi une partie de la critique le descend en flammes. Mais ils ont tort. D'abord Shyamalan est un grand cinéaste. Il sait filmer de manière originale. Ensuite il ne traite pas les sujets rebattus de la manière à laquelle on s'y attend. On est toujours surpris. Ce film ressemble à *Signes* : il y a les mêmes traits d'humour et d'autodérision dans une situation dramatique. Dans ces films, les humains sont bons en général. C'est leur agglomération en société qui peut les rendre méchants et ce qu'ils font en société peut se retourner contre eux.

Voyage au centre de la Terre de Eric Brevig (2008)
Bon, il paraît que le roman de Jules Verne raconte une histoire vraie. Il suffit de bien le lire et de comprendre où aller au bon endroit et le tour est joué. Une petite attraction foraine avec quelques effets spéciaux.

Les Ruines de Carter Smith (2008)

Je suis très heureux qu'on ait donné à un film le même titre que l'un de mes romans ("**Ruines**")

Ce film tente de mettre en scène une créature absente du cinéma (à ma connaissance) jusqu'à aujourd'hui. Enfin, depuis L**a Chose d'un autre monde** de Christian Nyby (1951).

Les Ruines est adapté d'un roman de Scott B. Smith (publié aux USA) qui en a écrit le scénario. L'introduction est assez flippante, mais ensuite on s'ennuie autour d'une piscine pour touristes. Mais ça ne dure pas longtemps. Enfin… ensuite c'est sur la plage le soir. On est vraiment obligé de nous infliger ce genre de scène ? Non, je ne crois pas. Après c'est à l'hôtel… Bon ils finissent par partir découvrir ces ruines…

Ceci dit, une virée touristique qui tourne au cauchemar c'est assez courant comme histoire. Ils arrivent sur les ruines et une tribu Maya les oblige à monter sur les ruines de la pyramide en tuant un de leur compagnon. Faut toujours regarder où on met les pieds… On imagine déjà que c'est un rituel pour des sacrifices humains, car de nombreux Mayas arrivent et s'installent autour du site.

Nos jeunes héros entendent un téléphone sonner en provenance d'un puits profond. Un des jeunes descend avec une corde qui casse. Une jeune fille descend pour aller à son secours. Elle saute, car la corde est trop courte et elle se blesse. Ça s'enchaîne et plus ça va, plus ça va mal. L'essence même du scénario du film d'horreur. Il y a toujours la niaise qui meurt de

trouille et qui accumule les conneries. La niaise en question essaie de demander des secours aux Mayas, elle s'énerve et lance une touffe de plante qui tombe sur un enfant. Les Mayas exécutent l'enfant... Il y a un problème avec la plante alors ? Peut-être... Alors les Mayas veulent tout simplement éviter une contagion ? Après quarante-trois minutes de film, la plante attaque. Enfin ! Et maintenant ça devient intéressant. On discerne le caractère de chacun, les courageux et les froussards. Les niais(e)s ne sont pas toujours ceux qu'on le croit. Le courage et la douleur. C'est ce qui fait qu'un film est bon ou pas... Et l'horreur se développe, suit son chemin, sans pitié.
Pas mal ce film.
P.S. Le gouvernement mexicain a dû être averti du danger en voyant ce film. J'espère qu'ils vont aller mettre une bonne dose de désherbant sur cette plante !

Vendredi 13 de Marcus Nispel (2009)
Le film est produit par Sean S. Cunningham le réalisateur du premier *Vendredi 13*
Marcus Nispel a déjà réalisé un remake réussi de *Massacre à la tronçonneuse* (2004).
Ici il reprend (avec l'aide des scénaristes) plusieurs éléments de la saga des *Vendredi 13* pour un film somme toute très classique, mais très bien réalisé.
Ça commence classique : il pleut, il tonne, il y a des éclairs et une belle jeune fille court dans la forêt en hurlant de peur. Puis nous assistons au défilé des exécutions qui sont ici bien plus terribles que celles

du premier film ; On a presque de la sympathie pour Jason ce nettoyeur de cons. Car on connaît le thème du film : une bande d'imbéciles très jeunes et baiseurs se font massacrer l'un après l'autre par Jason. Ici il trouve son masque de hockeyeur qu'il ne trouvera que dans les épisodes suivants dans la saga d'origine.

Voici donc la saga *Vendredi 13* :

Vendredi 13 (1980) Sean S. Cunnigham. – Le Tueur de vendredi (1981) Steve Miner – Meurtres en trois dimensions (Le tueur du vendredi 2) (1982) Steve Miner – Vendredi 13 chapitre final (1984) Joseph Zito – Vendredi 13 une nouvelle terreur (1985) Danny Steinmann – Jason le mort-vivant (1986) Tom Mc Laughlin – Vendredi 13 chapitre 7 un nouveau défi (1988) John Carl Buechler – Vendredi 13 chapitre 8 Jason conquiert Manhattan (1990) Rob Hedden – Vendredi 13 Jason en enfer (1993) Adam Marcus – Jason X (2002) James Isaac – Freddy contre Jason de Ronny Yu (2003)

Steve Miner a réalisé deux *Vendredi 13* et un *Halloween*.

(D'autres réalisations de Steve Miner dans la même veine : *House (1985) – Warlock (1990) – Lake Placid (1999) (Une petite allusion à Crystal Lake ?)*

Un autre :

Vendredi 13 d'Arthur Lubin (1940). Une histoire de greffe de cerveau.

The Presence de Tom Provost (2009)
Sortie DVD décembre 2012

Une fille toute seule dans une cabane en pleine forêt sur une île au milieu d'un lac. Toute seule ? Elle le croit. Mais il y a une présence, un type que nous voyons et qu'elle ne voit pas. Puis arrive le petit ami de la fille.
Tout est lent, ennuyeux peut-être, mais si beau à voir.
Vous savez, à la campagne la nuit, il fait noir. Et puis la « cabane au fond du jardin » est très bruyante. Il y a un mystère avec les hommes de la famille de la fille.
Puis intervient une autre « présence » qui interagit avec la précédente et à la fin, une troisième et même une quatrième qu'on avait pourtant aperçue au début du film sans savoir ce que c'était.
De stupéfiants effets sans effets spéciaux. La magie du cinéma !

La Traque d'Antoine Blossier (2010)
Des chasseurs traquent un énorme sanglier qui a tué du gros gibier. Vous imaginez la monstruosité de la bête...
Une famille gère une entreprise chimique qui fabrique des engrais et une exploitation agricole. On est encore dans l'écologie prétexte pour un film d'horreur.
Les scènes de chasse sont très bien filmées. Les personnages sont très bien typés...
Le mystère sur le « monstre » qu'ils traquent est maintenu très longtemps.

Le plan d'eau situé en pleine forêt est pollué. La forêt subit un désastre écologique.
Heureusement qu'il y a des téléphones portables, comme quoi la technique sauve, elle n'est pas seulement polluante...
Pas mal du tout ce film.
Sur une histoire de sanglier monstrueux voir *Razorbak* de Russel Mulcahy (1984)

Husk de Brett Simmons (2010)
Sortie DVD en janvier 2013
Ça démarre après seulement 1 minute 40 de film !
Une maison isolée au milieu d'un immense champ de maïs. Avec des épouvantails qui, comme leur nom l'indique, sont faits pour épouvanter.
Des jeunes sont perdus, car leur voiture est tombée dans le fossé après avoir été heurtée par une nuée de corbeaux (des vrais, mais aussi des corneilles).
Et que diriez-vous si vous deveniez vous-même un épouvantail ?
« L'œil était dans la tombe et regardait Caïen. »
Excellent film.

Die Farbe de Huan Vu (2010)
Adaptation de la nouvelle de Lovecraft *La Couleur tombée du ciel* (1927)
« Die Farbe » signifie « la couleur » en allemand.
Arkham... la bibliothèque... Un jeune homme se rend en Europe (Allemagne) à la recherche de son père. La construction récente d'un barrage entraîne l'inondation d'une vallée (C'est comme ça que se

termine la nouvelle de Lovecraft...) Un habitant lui raconte qu'autrefois une météorite étrange était tombée non loin d'une ferme. Les tentatives d'analyser la pierre restèrent lettre morte, car la météorite se dissolvait dans l'air.

L'action nouvelle de Lovecraft est ainsi transférée de la Nouvelle Angleterre à la forêt de Souabe-Franconie en Bavière. En allemand : « Schwäbisch-Fränkischer Wald »...

La Cabane dans les bois de Drew Goddard (2011)
Produit par Josh Wedon.
Une bande de jeunes vaaachement décontractés vont en week-end dans une cabane dans les bois. L'un d'eux est continuellement shooté et nous saoule avec ses discours métaphysiques. Il n'a pas fini de nous saouler d'ailleurs...
Ils arrivent à une station-service où un vieux type est très inquiétant. Cliché des films d'horreur, le type inquiétant de la station-service.
Arrivée dans la cabane qui ne manque pas de faire penser à la cabane d'"Evil Dead"... Il y a un miroir sans tain qui fait paroi entre deux chambres. Ce miroir est caché par un tableau terrifiant montrant une scène de chasse très gore.
Tous ces jeunes sont observés, à leur insu, par une équipe de scientifiques dont on se demande la motivation. On le saura à la fin. Ne râlez pas, ce n'est pas un spoiler, à ce niveau le scénariste affiche la couleur.

Ils vont dans la cave, bien sûr. Dans "Evil Dead" ils y trouvent un magnétophone, ici, ils y trouvent un bric-à-brac et... un livre... qu'une jeune fille lit à haute voix ! Quelle idiote !
Et les zombies attaquent !
"Mon dieu, c'est une émission de téléréalité", s'exclame une pauvre victime.
Ce film se voulait peut-être délirant ? Eh bien c'est raté.
Je me demande ce que Sigourney Weaver fait là-dedans...
Lovecraft, oui... à la fin...

Exit Humanity de John Geddes (2011)
Un film puissant.
L'idée du journal est excellente pour l'économie du film. Elle permet de représenter certaines scènes avec un grand art pictural.
C'est donc déjà excellent.
Le héros part en solitaire après la perte de sa famille infestée par les zombies. C'est le classique du western (pas les zombies bien sûr !) Le contraste (la contradiction ?) entre les zombies et la magnifique nature est très bien rendu. Les plans sont magnifiques. Certains sont si beaux que j'aurais plaisir à les décrire en détail.
Pour survivre, cet homme perdu se donne un but.
Et il est obligé de tuer son cheval qui a été mordu par des zombies. « Un ami qui était toujours là pour moi, qui ne m'a jamais tourné le dos. Déclare-t-il en guise d'oraison mortuaire. On retrouve le Dr Frankenstein

du film *Le Jour des morts-vivants* de Romero et on pense à la forêt du film *Le Projet Blair Witch*...

On a l'explication de l'épidémie : « On ne peut pas oublier ceux qu'on aime, ils restent toujours présents sous forme de blessure. »

Autres citations :

« Il n'est jamais trop tard pour guérir son âme. »

« La rage est un bon combustible pour la survie. »

« Un cœur anéanti peut toujours trouver une raison pour se remettre à battre. »

Très beau film.

World of the Dead (The Zombie Diaries 2) de Michael Bartlett et Kevin Gates (2011)

La suite de *The Zombie Diaries* des mêmes.

On est en direct. Les scènes la nuit sont pénibles.

Le désespoir est absolu.

Il y a des flash-back sur une intervention de l'armée... avec des exécutions sommaires.

La neige fait un joli décor. Insupportable.

Il y a aussi des rebelles ignobles, pires que les zombies. On revient donc sur le thème du premier film : certains de ceux qui sont restés des êtres humains sont pires que les zombies.

Ils sont tous en quête d'un lieu sûr avec des gens sûrs.

Ça se passe dans la forêt ce qui n'est pas sans faire penser au film *Le Projet Blair Witch*.

Une scène dans un cimetière avec un zombie fait penser au prologue de *la Nuit des morts-vivants* de Romero (1968)

Game of Thrones (Le Trône de fer) de D.B. Weiss, David Benioff (2011)
D'après la série de roman de George RR Martin
7 saisons de 10 épisodes.
Quelle superbe série TV!
Je n'ai jamais été attiré par ces super sagas d'Héroïc Fantasy. Je croyais que les romans de Georges RR Martin en étaient. Mais c'est beaucoup plus que cela...
Le scénario est puissant. La manière de présenter ce monde le rend tellement crédible. On se prend à croire que cela se passait comme ça à l'époque médiévale, pendant la guerre de Cent Ans.
Le fantastique est bien intégré dans un scénario puissant. Il y paraît aussi naturel que la mer, la forêt et les montagnes enneigées... Le fantastique n'est pas le héros principal de la saga. Ce sont les femmes et les hommes qui le sont. Les caractères sont trempés, la psychologie plausible, les personnages attachants. Certaines scènes de violence sont éprouvantes. Le suspense est haletant. L'intrigue et le scénario sont quelquefois tirés par les cheveux. Mais pour le voir, il faut le regarder avec un œil très critique, car l'ensemble est si solide que même l'incroyable, on y croit !

The Hobbit de Peter Jackson (2012)
Après un prologue flamboyant montrant l'arrivée du dragon, les Nains se réunissent à l'appel de Gandalf pour lutter contre ce dernier.

On s'ennuie en assistant à l'invasion par les Nains du Trou de Bilbon.
Ils veulent donc lutter contre le dragon.
Ensuite, c'est la quête : superbe !
Toute la mythologie qui sera développée dans *le Seigneur des anneaux*.
Il y a un signe à la fin : un oiseau !
Guillermo del Toro a participé au scénario
À suivre, sans doute une trilogie.
Le Hobbit : la désolation de SMAUG de Peter Jackson (2013)
La suite : la quête du Dragon.
Les Elfes, les Orcs, les Nains et Smaug le dragon...
On retrouve tout le monde et l'anneau tentateur et corrupteur.
Le dragon est superbe et il parle. La suite au prochain épisode si vous n'êtes pas lassé :
Le Hobbit : la Bataille des Cinq Armées du même (2014)

Hunger Games de Gary Ross (2012)
Dans un futur post apocalyptique, les jeux du cirque ont été rétablis. Ils permettent au pouvoir dictatorial d'amuser les foules et de perpétuer sa domination.
Les gladiateurs sont des jeunes gens choisis par « district », entité administrative. C'est un tribut à payer pour chaque district.
Les héros sont une jeune fille et un jeune homme qui se connaissent bien et qui devront se combattre à mort. Ils sont du District 12, le district de la classe ouvrière qui travaille dans les mines.

C'est donc la lutte des classes transposée dans la forêt où ont lieu les combats entre les « joueurs »...
Une petite faiblesse du scénario, qui peut se transformer un atout (et qui le sera dans les épisodes suivants) : l'héroïne a trop de chance !
Ce premier épisode est bon, mais les suivants sont carrément passionnants !

The Haunting in Connecticut 2 – Ghosts of Georgia
de Tom Elkins (2013)
Nécromancie taxidermiste.
Une petite famille (couple avec une petite fille) s'installe dans une maison perdue dans la forêt. La tante arrive...
Il y a quelque chose qui cloche : une apparition qui sort du coin de la chambre de l'ancien appartement et des « visions » de la petite fille dans la nouvelle maison.
La petite fille voit Mr Gordy. Bravo le procédé de la photo qui permet de démontrer que la petite fille voit bien le fantôme.
Une hantise esclavagiste !
Toujours le même principe : le spectateur est agacé par le sceptique de service, ici, c'est la maman de la petite...
Le scénario est très léger. On ne va pas faire la liste des incohérences !

Mama d'Andy Muschietti (2013)
Superbe film produit par Guillermo del Toro.

Ça c'est bien filmé ! L'annonce, l'accident, l'intervention de la « créature » (mais qu'est-ce ?) pendant le prologue.
On aperçoit l'affiche du film *Cobra Woman* (le *Signe du cobra* de Robert Siodmak 1944).
Donc, on retrouve deux enfants sauvages, deux petites filles abandonnées par leur père dans une cabane isolée en forêt. Abandonnées ? Le mot ne convient peut-être pas... Plutôt sauvées par une entité qui a éliminé le père qui voulait tuer ses propres enfants.
Cette entité, les filles l'appellent « Mama ». Cette Mama va suivre les enfants qui seront recueillies par leur oncle.
La signature de Mama est le papillon de nuit.
Le personnage du psy est des plus classique : c'est le sceptique. Il a une explication rationnelle, lui. Il ne croit pas aux fantômes !
En fait, il faut « réparer l'erreur qui a été commise. »
Ce psy finira donc par se poser des questions.
Ce film est superbe malgré quelques ressorts éculés des films de hantise.
Mais il est superbe, j'insiste !

Hansel et Gretel de Tommy Wirkola (2013)
Hansel et Gretel, après avoir tué la sorcière de la maison en pain d'épices, deviennent chasseurs de sorcières.
Les sorcières sont très typées, redoutables, mais les chasseurs sont beaux, agiles et encore plus redoutables !

Et le décor c'est la forêt. Sublime forêt qui abrite les sorcières. Et il y a même des Trolls !
Et le cercle va se refermer.
Pourquoi les parents de Hansel et Gretel les avaient-ils abandonnés dans les bois ?
Si vous voulez le savoir, il faudra regarder le film jusqu'au bout. Mais rassurez-vous, il est très agréable à regarder ce film.
La bataille finale est classique, avec quelques petites idées cocasses...

La Survivante de Don Coscarelli (Les maîtres de l'horreur)
Ce film est un chef-d'œuvre.
Don Coscarelli est en quelque sorte le réalisateur d'arts et essais du cinéma fantastique. Il n'est pas vraiment connu du grand public, mais adulé par le fandom de l'horreur avec ses films *Phantasm*.
Ici il nous construit un film génial par son scénario excellent et sa réalisation d'une main de maître.
Coscarelli utilise à merveille ce qui fait qu'un film d'horreur est un chef-d'oeuvre : avant tout les gros plans avec l'excitation de l'imagination de ce qui peut bien se passer hors champ, mais aussi la profondeur de champ... avec en arrière-plan un objet, un personnage plein de significations, mais pas toujours compréhensible du premier abord. Justement, le plan du saut du tueur appelé Face de Lune devant la Lune est proprement fantastique.
Sur le fond de l'histoire c'est un "survival" qui n'a rien de classique avec pourtant tous les ingrédients

de ce qui est devenu le classique du film d'horreur depuis *Massacre à la tronçonneuse* : il y a un tueur psychopathe et son antre atrocement macabre avec plein de momies desséchées de ses victimes, le tout dans une forêt perdue comme seul l'Amérique en a encore... Mais ce film va plus loin, il développe un mode d'emploi pour survivre dans ce genre de situation : ne jamais abandonner et frapper fort, plus fort que l'adversaire... ET, surtout, "tant qu'on ne sait pas ce que tu vas faire tu gardes l'avantage". Avec un principe comme celui-là, on ne peut que surprendre le spectateur ! Enfin, on se régale de la vengeance terrible de la victime. Le scénario est plein de rebondissements et on ne s'ennuie pas une minute.

Extraterrestrial de The Vicious Brothers (2014)
Une jeune femme disparaît en pleine nuit avec la cabine téléphonique dans laquelle elle se trouvait.
Puis deux couples de jeunes gens (encore ?) viennent dans la région dans une cabane au cœur bois (encore ?) et une soucoupe volante se crashe non loin de là...
Les Gris attaquent et enlèvent des gens dans leurs vaisseaux spatiaux.
On se demande si on doit rire, mais on n'a pas trop envie.
De toute façon l'amour triomphe toujours même dans les vaisseaux extraterrestres.
Les Gris sont des exterminateurs d'abrutis. Il y a même l'homme à la cigarette.

Amusant, un mélange d'"Evil Dead" (encore !) et de "X-files"
Qui sont les réalisateurs The Vicious Brothers ? Ce sont deux réalisateurs canadiens : Colin Minihan et Stuart Ortiz. Ils ont réalisé "Grave Encounters" (2011) et "Grave Encounters 2" (2012)

Maléfique de Robert Stromberg (2014)
Nouvelle adaptation du conte « *La Belle au bois dormant* » par les studios Disney.
Intéressante comme le sont les autres récentes nouvelles adaptations de divers contes :
Alice au pays des merveilles de Tim Burton (2011)
Blanche Neige et le chasseur par Ruppert Sanders (2012)
Le Monde fantastique d'Oz par Sam Raimi (2013)

Poltergeist de Gil Kenan (2015)
Producteur Sam Raimi.
Le remake du film de Tobe Hooper (1982)
D'habitude les maisons hantées sont de vieilles bâtisses abandonnées, si possible dans la forêt. Le film de Tobe Hooper innove, car il se déroule dans une villa d'une banlieue moderne.
Le remake suit ce chemin et démarre assez fort avec des indices brutaux dont sont témoins les enfants. Et puis, alors... il y a quelque chose... dans le placard de la chambre des enfants. Et on ne peut pas ouvrir ce placard !

Le spectateur est prévenu que la maison est construite sur un ancien cimetière à la 37ᵉ minute du film. C'est à ce moment-là que tout se déclenche !
Attention ne quittez pas le film au générique : il y a une scène… au milieu !

Interstellar de Christopher Nolan (2014)
Ça commence comme dans « Signes » au milieu d'un champ de maïs. Puis on se dirige vers une autre galaxie pour trouver un refuge à l'espèce humaine.
Explorateurs, pionniers : l'essence même de l'Amérique !
Horizon du trou noir, distorsion de l'espace-temps, relativité générale et trou de ver…
Il y a même une définition quantique de l'amour !
Les planètes lointaines sont si étranges ? La gravité courbe l'espace-temps…Superbe film de SF
Tout en disant qu'il s'appuie sur les dernières découvertes en physique et cosmologie, mais que personne n'a encore vu de trou noir et encore moins de trou de ver… Ces « trous » sont nés des équations de la relativité d'Einstein, équations qui ont trouvé bien des applications et qui, donc, semblent correctes, mais sait-on jamais ?
La mécanique de Newton s'appliquait bien aussi à tout jusqu'à la relativité générale…

Quelques minutes après minuit de J.A. Bayona (2017)
Un petit garçon et un arbre, un très vieil arbre…

SÉRIES TÉLÉ

Quelques séries télé sur le thème qui fait l'objet de ce petit livre.

Ash Vs Evil Dead de Sam Raimi et Rob Tapert (2015)
Vous vous souvenez de Ash ? C'était le héros des trois films *Evil Dead* (voir ci-dessus). Le voici revenu sous la direction de Sam Raimi et Rob Trapert.
Je regrette de le dire, cette série n'a retenu du fabuleux film *Evil Dead* que le côté grotesque et grand guignol de manière exacerbée.
On s'ennuie ferme, et vraiment, ce n'est pas très bon…
Ash, accompagné d'une bande de bras-cassés, poursuivi par une shérif (une femme shérif), part à la recherche du *Necronomicon*…

Stranger Things de Matt Duffer et Ross Duffer (2016)
À l'heure où j'écris ces lignes, il y a une première saison avec 8 épisodes.
Cette série est magnifique. Je l'avoue, je me suis ennuyé pendant les trois premiers épisodes. Ensuite ce fut le Walhalla de la série télé fantastique !
Il s'en passe des choses étranges dans ce laboratoire… Quatre gosses jouent aux jeux de rôle. Cela se passe pendant les années 1980. Et l'un d'entre eux va disparaître ! Les trois autres et une petite jeune

fille, encore presque une enfant, visiblement victime d'expériences comme cobaye, vont chercher tous les moyens de retrouver leur copain.

Pour cela, la mère de ce dernier et le shérif vont devoir aller le chercher « ailleurs », de l'autre côté de la porte qu'a ouverte le labo mystérieux, dans la forêt terriblement fantastique où vit un monstre affamé de chair humaine !

Hein ? Que dites-vous ? C'est superbe je vous dis !

Sleepy Hollow (2013)
Cette série bénéficie de signatures de grands noms du genre : Alex Kurtzman, Len Wiseman et aussi Roberto Orci, Phillip Iscove.

Elle reprend les thèmes de la légende du cavalier sans tête, si bien traitée dans le film de Tim Burton (voir ci-dessus).

Une vraie série fantastique ; un homme venu du passé (de la guerre d'indépendance américaine), le cavalier sans tête, les autres cavaliers de l'Apocalypse, les sorciers, les démons. Et... il y a l'arbre, et la forêt dans le monde du cavalier sans tête...

Les réalisateurs ont du talent, ils savent filmer : scène de transition constituée par des vues prises d'hélicoptère, chouettes mouvements de caméra pivotant horizontalement et verticalement.

Hemlock Grove de Brian McGreevy et Lee Shipman (2013)
Loup-garou et autres manifestations ésotériques. L'histoire avance lentement, épisode par épisode, je

dirais même laborieusement. Mais une fois qu'on est dans le rythme, on accepte qu'on nous cache tant de choses, nous pauvres spectateurs, car on sait, qu'ils vont finir par nous les montrer...

De fait, on nous dévoile la nature de Peter, alors que plusieurs victimes sont déchiquetées par un loup-garou dans la petite ville... On nous apprend que Roman est une entité surnaturelle, mais on ne sait pas laquelle, et aussi que lui-même de sait pas ce qu'il est.

Mais, nous, spectateurs, nous savons qu'on le saura ! La sœur de Roman, (dévorée par la bête ?) s'appelle Shelley... Ça ne vous dit rien ? Le nom de l'auteur du roman *Frankenstein* !

Et la mère de Roman est bizarre et Shelley aussi... Mais y a-t-il deux Shelley ? À vous de voir !

UNE SERIE TÉLÉ FRANÇAISE

Noires sont les galaxies de Jacques Armand et Daniel Moosmann (1981)
Cette série est passée sur la chaîne Antenne 2 en quatre épisodes. On peut réunir ces épisodes pour en faire un film d'environ 180 minutes.
1er épisode.
Un homme récupère les cadavres à n'importe quel prix. L'action est très lente, à la française : on voit les gens manger, se lever, parler de choses et d'autres, pousser des chariots, conduire une moto, etc. Tout ça pour se la jouer *Nouvelle vague* et on s'ennuie un peu. Les acteurs ne sont pas très bons, mais on fait ce qu'on peut avec les moyens qu'on a.
2e épisode.
La petite jeune fille retrouve son patron, pourtant tué il y a peu, mais cette fois bien vivant ! Et sa femme est la morte qu'ils avaient vendue.
Le film est toujours aussi noir.
Des scènes à n'en plus finir avec une musique criarde.

La fille des étoiles raconte qu'elle vient d'une autre galaxie. C'est une déportée. Mais pourquoi raconte-t-elle tout ça ? Une fainéantise du scénario...
Ces déportés s'appellent les Exis.
3e épisode.
Notre héros, le médecin, espionne, mène l'enquête et découvre des drôles de pratiques dans une usine désaffectée. Il se fait bêtement attraper. Il y a donc aussi des « missionnaires » parmi les extraterrestres. Une avant-garde extraterrestre qui vient préparer l'invasion. Pour arriver à fournir cette information, le scénariste n'y va pas par quatre chemins : le tout est révélé sans aucune raison avancée, c'est comme ça. Tous les Exis ont un arbre qui leur pousse dans le ventre et les branches leur déchirent la peau et sortent de manière spectaculaire (les effets spéciaux sont minimes, basés sur le montage...). C'est le fruit du travail de la « puissance » qui veut exterminer les Exis. À cette occasion, on nous sert un discours assez pompier mêlé d'écologie. Une autre espèce les Inx (je crois) a besoin d'énormément de corps et envisage des assassinats de masse.
4e épisode.
Ayant vu le corps « embranché » de son amie, la fille va dégueuler par la fenêtre (!) dans la rue. Le jeune couple (le médecin et la fille) en a marre. « Après tout, je m'en fous ! » Déclare Patrick à Coretta. Mais...
Une bonne idée dans ce film, c'est la fin : la pierre qui s'illumine quand passe un extraterrestre sous forme humaine.

LOUPS-GAROUS

Le Monstre de Londres de Stuart Walker (1935)

Le Loup-garou de George Waggner (1941), belle scène avec un téléscope qui m'a fait penser à Hoffmann et au roman *La Nuit de Walpurgis* de Meyrink. La forêt est somptueusement fantastique. Et, bien sûr, il y a Bela Lugosi dans un petit rôle!

Frankenstein rencontre le loup-garou de Roy William Neill (1943). Malgré son titre racoleur, ce film n'est pas si mal. Il renvoie bien sûr au *Frankenstein* de James Whale, ou plutôt à sa suite *La Fiancée de Frankenstein* (1935) avec le prologue dans le cimetière et aussi au *Loup-garou* de Waggner (1941). Il y a tous les ingrédients des films d'horreur modernes : une explication "scientifique" ("c'est un lycanthrope") qui permet de rendre l'histoire rationnelle donc plus vraisemblable donc plus horrible... Il y a la Gitane qui *sait*. Le monstre est pris dans la glace et Bela Lugosi a enfin rencontré le rôle qu'il avait refusé pour le *Frankenstein* de Whale et accepté alors par Boris Karloff. Le docteur n'a pas besoin de la foudre, il utilise l'énergie hydraulique et tous les instruments de la science moderne de l'époque, même la radiographie !

– Dans les années quarante et cinquante, toute une série de films mêlant Frankenstein, Dracula, le Loup-garou, avec Christopher Lee, Lon Chaney Jr, Bela Lugosi et, bien sûr, Boris Karloff

La Fille du loup-garou de Henry Levin (1944), au musée des horreurs, sur l'occultisme et le surnaturel, on raconte la fabuleuse histoire de Marie Latour, la fille loup-garou qui avait tué son mari et avait disparu. Le fils, lui, ne croit pas aux loups-garous… Discours du guide au musée : « *Vous allez voir et entendre des choses incroyables et votre imagination fera le reste…* »

La Nuit du loup-garou de Terence Fisher (1961), célèbre pour le maquillage du loup, dont la photo est souvent utilisée pour illustrer le genre.

Lycanthropus (Le monstre aux filles) de Richard Benson (pseudo de Paolo Heusch 1961)

Les Vampires du Dr Dracula d'Enrique Lopez Eguiluz (1968)
Titre original : *La Marca del Hombre Lobo*.
Comme vous pouvez le comprendre sans être un spécialiste de la langue espagnole, le titre original parle de loup-garou alors que le titre en français parle de Dracula. Alors qu'il n'y a pas de Dracula dans le film !
Éclairages à la Mario Bava, fantastiques couleurs, superbes images, de vrais tableaux de Rembrandt…

« Je suis devenu une créature de Dracula ! » s'exclame Valdemar après être redevenu un homme, car il s'était transformé en loup-garou. D'où le titre français sans doute...
L'héroïne est filmée plusieurs fois au travers d'une grille en fer. Paul Naschy qui joue le rôle principal n'est pas très bon... Pour sauver Valdemar, ils font venir un vieil érudit et son assistante qui sont en réalité des vampires...
On se pose des questions logiques. Par exemple : pourquoi, mordu, Valdemar se transforme en loup-garou et pas les autres mordus...

Dracula contre Frankenstein de Tulio Demichelli et Hugo Fregonese (1969)
Pour envahir la Terre, des extraterrestres récupèrent les cadavres pour emprunter leur corps et ils tentent de libérer des monstres qui seront leurs troupes de choc. Scénario emberlificoté.
D'ailleurs, le film est très bavard au début pour expliquer le scénario.
« Les femmes très belles sont de très puissants aimants ». On aime ou on n'aime pas le jeu de mots avec « aimants »...
Un vampire renaît quand on enlève le pieu planté dans sa poitrine. Voilà déjà Dracula.
Les extraterrestres enlèvent une belle blonde pour en faire une esclave. Un policier enquête, car il y a eu un meurtre. Il est question d'un livre maudit aussi.
« Ça prend l'allure d'un très mauvais roman », déclare le policier. On ne le lui fait pas dire !

Vampire – loup-garou – momie – Frankenstein…
Le scénario est de Paul Naschi qui joue également le loup-garou.
Personne dans le film, ne s'appelle Dracula, ni Frankenstein… Mais c'est racoleur dans le titre.
Dans le DVD d'Artus Films, Alain Petit commente ce film avec toute son érudition sur les films de série B.
Il nous raconte la carrière de tous les participants : acteurs, réalisateurs, scénaristes. Le scénario est très inspiré du film *Plan 9 from outher Space* et de *Plan X*.

Les Crocs de Satan (Cry of the Banshee) de Gordon Hessler (1970)
Attention ne pas confondre ce film avec *Brûle, sorcière brûle* de Sydney Nayers (1962)
Avec Vincent Price, ça fait le film !
Il y a d'abord un joli générique animé et amusant.
Une histoire de sorcières et de malédiction.
Alors que le seigneur de la contrée martyrise les sorcières, ou présumées telles, un grand chien enragé terrorise les villageois. La famille du seigneur a été maudite autrefois.
Mais le spectateur s'ennuie, c'est décousu, ça manque de transition et les effets sont faciles.
Quant au scénario, il est très léger.
Si le film traîne en longueur, la fin est intéressante. Donc patientez !
Gordon Hessler a réalisé beaucoup de films de série B, notamment l'excellent *Lâchez les monstres* (1970) avec Vincent Price, Peter Cushing et Christopher Lee, pas moins !

La Légende du loup-garou de Freddy Francis (1974)

The Beast must die de Paul Annett (1974) –

Hurlements de Joe Dante (1980), un petit village tranquille où rôdent les loups-garous. Ce film fut célèbre pour sa scène de transformation d'un homme en loup-garou. Les rares spectateurs qui restent jusqu'au bout du générique de fin sont récompensés par un extrait du *Loup-garou* de Georges Waggner (1941). Très nombreuses suites qu'il serait lassant d'énumérer. Seul *Hurlements 2* est sorti en France, mais ne casse pas trois pattes à un canard...

Wolfen de Michael Wadleigh (1980), à New York, les Indiens se transforment en loup pour venger le génocide.

Le Loup-garou de Londres de John Landis (1981), le mythe transposé en pleine ville de Londres. Ce film est devenu un film culte. Il traite le thème du loup-garou comme détaché du sujet, sur un mode comique, mais comme si le cinéaste ne l'avait pas voulu. Cela donne un effet intéressant. Une suite a été tournée à Paris et au Luxembourg (*Le Loup-garou de Paris* d'Anthony Waller (1997).

Au-delà du réel de Ken Russel (1981), grâce à l'absorption de substances extraites de champignons et au sommeil profond, un chercheur retourne à l'animalité et même avant... Une très belle variation moderne du loup-garou !

La Compagnie des loups de Neil Jordan (1984), loups-garou et psychanalyse des contes de fées de Bruno Bettelheim. Ennuyeux comme la plupart des films de Neil Jordan.

Hurlements 2 de Philippe Mora (1984). Nous avons déjà vu *Les Entrailles de l'enfer* du même. Mêmes remarques que précédemment, mais finalement ce type ne se prend pas très au sérieux. La fille a de beaux seins et il nous les montre à répétition. Cette séquelle a été suivie de plusieurs *Hurlements* jusqu'au numéro 7.

Teen Wolf de Rod Daniel (1985)

Peur bleue de D. Attis (1985), variation sur le loup-garou par Stephen King.

Wolf de Mike Nichols (1994), avec Jack Nicholson qui joue le loup-garou, on en a pour son argent.

Le Loup-garou de Paris de Anthony Waller (1997). On attendait depuis longtemps ce remake du *Loup-garou de Londres* (1981) de John Landis. Pas mal réussi : toutes les idées ont été reprises (notamment les zombies en charpie, anciennes victimes du loup-garou), l'humour se mêle à l'horreur et au macabre. Ici la fin est heureuse contrairement à celle du film de John Landis. Ce qui change vraiment, ce sont les effets spéciaux, car les loups-garous sont en image numérique, ce qui n'est pas mal, ne soyons pas nostalgiques des bons vieux maquillages et maquettes en plastique s'il vous plaît. Un générique puissant qui vous donne envie d'en savoir plus, une fille qui perd sa chaussure comme Cendrillon (après avoir été sauvée du suicide par un saut en élastique d'un jeune Américain du haut de la tour Eiffel). On croit à un moment donné que cette fille est infirmière comme celle du film *Le Loup-garou de Londres*, mais on se trompe, car elle s'était déguisée pour venir voler un cœur (anatomique) dans la salle d'opération de l'hôpital... Comme dans le film précédent, l'humour amplifie la terreur. Il y a un autre conte de fées puisqu'on parle aussi du Petit Chaperon Rouge... Et puis un thème qui a été repris de *Full Eclipse* film de télévision d'Anthony Hickox dans lequel un sérum permet de se transformer en loup-garou quand on le veut pour mieux débarrasser le monde des êtres inférieurs qui l'encombrent... La scène de la fête et des gens qui se transforment en loups-garous n'est pas sans rappeler *Une Nuit en enfer* (1995) de Robert Rodriguez.

Ginger Snaps de John Fawcett (2001). Excellent film de loup-garou. C'est filmé volontairement de manière légère et au fur et à mesure que la situation s'aggrave on va de surprise en surprise...

Dog soldiers de Neil Marshall (2002). Excellent film de loups-garous ! Hommage à plein d'autres films de monstres : *La Nuit des morts-vivants,* mais surtout *Le Retour des morts-vivants, 1 et 3* !, formidablement bien tourné, plans serrés qui nous font toujours nous demander ce qu'il y a hors champ, montage très précis par le réalisateur lui-même. Très peu d'effets spéciaux, mais un effet gore et monstre efficace... Une scène de recollage des chairs avec de la colle Uhu assez unique ! Les militaires n'ont toujours pas la cote... Un vrai plaisir ce film !

Underworld de Len Wiseman (2003). Romeo et Juliette chez les vampires. Sacré Shakespeare ! Toujours aussi vivant ! Les Capulet et les Montaigu sont les vampires et les loups-garous. Ce nouveau Roméo et Juliette est excellent. De l'action qui vous tient les nerfs du début à la fin. Un retournement de moralité en milieu de film, les bons deviennent les méchants et vice versa... La fille est extraordinairement belle. Du vrai gothique, lourd et glauque. Les décors sont délicieusement macabres et décadents.

Van Helsing de Stephen Sommers (2004). Excellent film de divertissement. Stephen Sommers a réussi un tour de force avec ce scénario : il reprend tous les grands personnages fondateurs du fantastique moderne et les rassemble dans une seule et même aventure. Une fois faite cela semble aller de soi, mais là je vous assure que c'est très difficile. Le Dr Jekyll (au début seulement... avec donc un hommage à la

Ligue des gentlemen extraordinaires), Frankenstein, Dracula, le loup-garou.! Il y a aussi de nombreux hommages à d'autres personnages de films plus récents : évidemment Indiana Jones avec l'incroyable scène de la diligence et d'autres choses encore, le Dracula de Coppola avec la rivière au fond du gouffre, et puis même une réplique d'Anna à la fin qui est un hommage flamboyant au film de Sergio Leone *Le Bon, la Brute et le Truand*, les scènes de chevauchées dans la forêt tirées des films de La Hammer et *Aliens* (la scène avec Anna et le loup-garou dans le château et les "œufs" de vampires). Il y a aussi James Bond (la scène dans le labo avec les gadgets) et *Vampires* de Carpenter avec le rôle de l'Église dans l'intrigue. Le prologue en noir et blanc qui rend hommage au *Frankenstein* de James Whale est superbe. Quelques petites scènes qui renvoient au "Nosferatu" de Murnau (tâchez de les découvrir...), au *Bal des vampires* de Polanski (d'ailleurs Dracula ressemble étrangement à Polanski...), et puis sans savoir exactement quoi, bien des choses me font penser au *Masque du démon* de Mario Bava. Enfin bref, je n'ai jamais vu un film qui rassemble autant de références cinématographiques, bien plus que celles de l'Universal... Alors ce film est une pépite pour le grand public et *aussi* pour le cinéphile. Le générique de fin à lui seul est un chef-d'œuvre...

Les effets spéciaux sont superbes et les trois fiancées de Dracula aussi ! D'ailleurs voici ce qu'en dit Stephen Sommers interviewé par Marc Sessego dans Sfmag N° 43 : « *Le problème est qu'il y a très peu de jeunes femmes à la plastique superbe sachant jouer. On (avec Coppola NDLR) a vraiment cherché partout, et je suis tombé sur cette cassette d'Elena Anaya et j'ai été tellement impressionné que je me suis dit : c'est elle qu'il me faut.* » Les décors sont somptueux, très suggestifs et très vraisemblables ; la photo est également très belle.

Harry Potter et le prisonnier d'Azkaban de Alfonso Cuaron (2004). Qu'est-ce qui m'ennuie dans ces films? Eh bien c'est l'histoire. Elle est composée des pires clichés de la littérature : l'enfant orphelin avec des tuteurs odieux qui se réfugie dans le même milieu que ses parents. Tout cela est trempé dans une sauce fantastique, et c'est là tout l'art de l'écrivain, qui rend ainsi ces clichés encore plus crédibles. Cet enfant évidemment est un enfant surdoué, ou plutôt doué de pouvoirs qui le rendent bien plus "valable" que ces odieux tuteurs. Ceci dit le premier film bénéficiait d'une très belle réalisation et possédait les atouts de la surprise produite par les différents mondes de Harry et de sa tribu. Le deuxième nettement moins bien fait fut très décevant ! Vraiment ! on pouvait éviter de nous resservir le match sur les balais volants... Ce troisième est très bien réalisé, mais, une fois de plus comment faire un film d'horreur pour les enfants ? Ici rien ne fait peur. Introduire le loup-garou – personnage aussi ressassé (et tellement inutile) – dans l'intrigue peut donner à penser à une défaillance de l'imagination de la créatrice. Mais après tout, tout est comme cela dans l'histoire. Car qu'apporte-t-elle de nouveau dans le chaudron de l'imaginaire ? Rien, si ce n'est du rassis et du réchauffé... Mais cette histoire de famille, comme toutes les histoires de famille dans l'histoire de la littérature, plaît énormément ! Moi je m'ennuie...

Underworld 2 evolution de Len Wiseman (2005).
Le second volet de cette histoire de guerre entre les loups-garous (lycans) et les vampires. Certains critiques ont trouvé le scénario compliqué ! Rien de plus simple pourtant : un vieux vampire a vu ses enfants frères jumeaux devenir pour l'un vampire et pour l'autre loup-garou. C'était il ya 600 ans. Aujourd'hui, le petit frère veut relâcher l'horrible loup-garou enfermé pendant tous ces siècles. C'est compliqué ça ?
Le film commence avec une scène stupéfiante de combat entre vampires et loups-garous au Moyen Âge. Ceux qui n'ont pas compris le scénario ont dû arriver après cette scène...
Le film comprend une grande quantité de très jolis plans et des bagarres à couper le souffle. Excellentissime...
Évidemment ce film n'est pas recommandé pour ceux qui aiment les vampires chochottes et les loups-garous petits chiens-chiens à sa maman...
Ça saigne énormément et c'est très violent. Wiseman rend hommage à Dracula avec sa scène du bateau qui vogue en direction du port et qui ne manque pas de rappeler le Nosferatu de Murnau...

La belle Kate Beckinsale moulée dans son costume en latex vaut à elle seule d'aller voir le film.
Un excellent film : vivement la 3e partie !

Underworld 3 Rise of the Lycans de Patrick Tatopoulos (2009)
Le film commence avec une voix off et ensuite il fait tout le temps nuit... On n'y voit pas grand-chose et cette histoire de Romeo et Juliette n'est pas originale. La fin est un peu niaise.
Tatopoulos est un excellent artiste créateur des effets spéciaux, mais il a encore beaucoup à apprendre comme réalisateur.

Le Chaperon rouge de Catherine Hardwicke (2011)
La réalisatrice du premier *Twilight* nous offre sa vision du conte de Perrault.
C'est féerique. Un conte de fées ce n'est pas du néo-réalisme italien ou du réalisme socialiste !
Donc la cinéaste a traité cette histoire de loup-garou comme un conte de fées. Et non pas comme un film d'horreur.
Mais qui est donc ce loup-garou qui parle au chaperon rouge ?
« Je te connais bien. » a-t-il dit à la jeune fille.
Mais QUI est-il ?
L'instrument de torture est une chaudière en forme d'éléphant dans laquelle on fait cuire les suppliciés.
Ah ! Ces secrets de famille !
Ce film est superbe !

Werewolf de Louis Morneau (2012)
(The Beast Among Us)
Prologue impressionnant. Ça commence bien !
Un loup-garou sévit dans une région de Transylvanie. Des chasseurs spécialisés partent en chasse. C'est très gore. On voit beaucoup de pièces détachées anatomiques.
La situation est épouvantable. La bête sévit et fait de nombreuses victimes.
C'est un cauchemar. Il y a quelques scènes de véritable boucherie.
Les trois personnages sont réunis : le loup-garou, le méchant wurdalak (vampire) et une belle fille...

Underworld : Nouvelle ère de Marlind et Stein (2012)
Quatrième opus des films *Underworld* sur la guerre entre les vampires et les lycans.
Très nul. Kate Beckinsale est toujours aussi belle, mais le scénario est indigeste. Pourtant ils s'y sont mis à quatre pour le rédiger !

Twilight chapitre 3 hésitation de David Slade (2011)
Twilight chapitre 4 Revelation 1ère partie de Bill Condon (2011)
Twilight chapitre 5 Revelation 2ème partie de Bill Condon (2012)
Les trois derniers films de la saga.
Dans le chapitre 4, après avoir hésité dans le chapitre 3, la petite jeune fille amoureuse du vampire est enceinte de lui (!) et meurt pendant l'accouchement.

Un seul moyen de s'en sortir la transformer en vampire ce qui est fait. Amusant non ?
Voyons la fin. Le chapitre 5.
Le générique est très ennuyeux. La jeune vampire ne tue pas la biche, mais le méchant lynx qui voulait la manger ! La morale est sauve !
Donc une petite fille est née d'un vampire et d'une humaine. Mais qu'est-ce ?
Ce petit bébé a un lien avec le loup-garou amoureux de sa mère !
Tout cela ne plaît pas à tout le monde bien sûr. Donc voilà les ennuis qui arrivent, et l'ennui reste toujours.
Les enfants immortels sont des vampires incontrôlables. La petite presque nouveau-née n'en est pas un.
Mais, hélas, certains le croient. Ça sera donc la guerre.
Ici on mélange le Bit Lit et X-men. Même la bataille finale est... bidon !
Et le loup-garou, amoureux transi, a son lot de consolation.
Le meilleur des mondes !

Il faut aussi citer les films vidéo : **Full Eclipse** d'Anthony Hickox (1993) – **L'antre de Frankenstein** de Peter Werner (1998) – **Ginger Snaps** de John Fawcett (2001) (excellent !) – **Hurlements** du N° 3 au N° 7 !

Il y a aussi des loups-garous (et autres bêtes de la forêt) dans les séries télé

Being Human, la confrérie de l'étrange de Toby Whithouse (2008) 4 saisons 16 épisodes
Un trio très fantastique : un vampire, un loup-garou et un fantôme (une jeune femme) sont colocataires et ont beaucoup d'états d'âme sur leur condition.
Comment avoir une vise sociale « normale » ?
L'idée n'est pas mauvaise, mais c'est très mal filmé et très mal joué.
Cette série est anglaise et les Américains en ont fait une avec le même thème et les mêmes personnages : **Being Human**, 2 saisons 13 épisodes, toujours en production à l'heure où j'écris ces lignes...

True Blood d'Alan Ball (créée en 2008)

Penny Dreadful de John Logan (2014)

FILMS GOTHIQUES

Parce que le gothique imite la forêt

Le Golem (Paul Wegener et Carl Bœse) 1920 – **Nosferatu** (Friedrich Wilhelm Murnau) 1922 – **Frankenstein** (James Whale) 1931 – **Dracula** (Tod Browning) 1931 – **La Fiancée de Frankenstein** (James Whale) 1935 – **La Marque du vampire** (Tod Browning) 1935 – **La Tour de Londres** (Rowland W. Lee) 1939 et son remake par Roger Corman en 1962 – **Le Récupérateur de cadavres** (Robert Wise) 1945 et son remake « **L'Impasse aux violences** » (John Gilling) 1960 – **Le Mystère du château noir** (Nathan Hertz Juran) 1952 – **Frankenstein s'est échappé !** (Terence Fisher) 1957 (La plupart des films de Terence Fisher sont gothiques.) – **Le Cauchemar de Dracula** (Terence Fisher) 1958 – **La Revanche de Frankenstein** (Terence Fisher) 1958 – **Le Masque du démon** (Mario Bava) 1960 – **Les Maîtresses de Dracula** (Terence Fisher) 1960 – **La Nuit du loup-garou** (Terence Fisher) 1961 – **La Chambre des tortures** (Roger Corman) 1961 – **Terreur** (Roger Corman) 1963 (tourné dans le décor du « **Corbeau** » par le même en 1963) – **Le Corps et le fouet** (Mario Bava) 1963 – **La Sorcière sanglante** (Antonio Margheriti sous le pseudonyme d'Anthony Dawson) 1964 – **Dracula prince des ténèbres** (Terence Fisher) 1965 – **Les Vierges de Satan** (Terence Fisher) 1967 – **Le Retour de Frankenstein** (Terence Fisher) 1969 – **Frankenstein et le monstre de l'enfer**

(Terence Fisher) 1973 – **Alien le huitième passager** (Ridley Scott) 1979 – **Gothic** (Ken Russel) 1986 – **Hellraiser le pacte** (Clive Barker) 1987 et ses trois séquelles – **Batman** (Tim Burton) 1989 – **Sanctuaire** (Michele Soavi) 1989 – **Dracula** (Francis Ford Coppola) 1992 – **Candyman** (Bernard Rose) 1992 et sa suite « **Candyman 2** » (Bill Condon) 1995 – **Cabale** (Clive Barker) 1990 – **The Crow** (Alex Proyas) 1993 et ses séquelles **The Crow la cité des anges** (Tim Pope) 1997 et **The Crow Salvation** (Bharat Nalluri) 1999 – **Batman le défi** (Tim Burton) 1993 – **Frankenstein** (Kenneth Branagh) 1994 – **Entretien avec un vampire** (Neil Jordan) 1994 – **Une Nuit en enfer** (Robert Rodriguez) 1995 – **Star Trek premier contact** (Jonathan Frakes) 1997 – **Spawn** (Mark A.Z. Dippé) 1997 – **Event Horizon, *le vaisseau de l'au-delà*** (Paul Anderson) 1997 – **Vampires** (John Carpenter) 1998 – **Sleepy Hollow** de Tim Burton (2000)) – **Underworld** de Len Wiseman (2003) – **Hypnotic** de Nick Willing (2003) – **Van Helsing** de Stephen Sommers (2004)

SORCIÈRES

Parce que les sorcières sont dans la forêt

Des films qui sont consacrés aux femmes qui ont des pouvoirs surnaturels (qu'on appelle parfois sorcières) :
La Sorcellerie à travers les âges (Häxan) de Benjamin Christensen (1922) – **Ma femme est une sorcière** de René Clair (1942) – **Le Masque du démon** de Mario Bava (1960 – **Brûle, sorcière brûle** de Sydney Hayers (1962) – **La Sorcière sanglante** d'Antonio Margheriti sous le pseudonyme d'Antony Dawson (1964) – **Les Sorcières du lac** de Tonino Cervi (1970) – **Les Crocs de Satan** (La terreur des Banshee) de Gordon Hessler (1970) – **La Femme aux bottes rouges** de Juan Bunuel (1974) – **Suspiria** de Dario Argento (1976) – **La Sorcière** de Marco Bellochio (1987) – **Les Sorcières d'Eastwick** de George Miller (1987) – **Sanctuaire** de Michele Soavi (1989) – **Les Sorcières** de Nicolas Rœg (1990) – **Hocus Pocus les trois sorcières** de Kenny Ortega (1993) – **Blanche Neige** de Michael Cohn (1996) – **Dangereuse alliance** d'Andrew Fleming (1996) – **Les ensorceleuses** de Griffin Dunne (1998). – **Le Projet Blair Witch** d'Eduardo Sanchez et Daniel Myrick (1999) – **La Neuvième porte** de Roman Polanski (1999) – **Blair Witch 2** de Joe Berlinguer (2000)

À voir les séries TV comme **Ma Sorcière bien-aimée** et récemment **Charmed...**
Un film télé de Wes Craven qui ne casse pas quatre pattes à un canard : **L'été de la peur** (1978)
Et aussi **Season of the witch** de George A. Romero film dont je n'ai pas la date.

VILLES FANTASTIQUES

Parce que les villes sont des forêts minérales

Metropolis (1927) de Fritz Lang. *la ville produit la révolte des producteurs qui seront finalement calmés par un robot qui prend l'apparence d'une jolie syndicaliste. Fritz Lang était gêné que son film prônât la collaboration de classes juste avant la prise de pouvoir par les nazis...* – **Fellini Roma** (1971) de Federico Fellini. *Rome prodigieuse des souvenirs du grand cinéaste. Son histoire est partie en fumée telles ces fresques découvertes lors des travaux du métro et qui s'évaporent dans l'air apporté de l'extérieur...* – **La Cité des femmes** (1980) de Federico Fellini. *La cité des fantasmes masculins, ceux de Fellini en particulier...* – **New York 1997** (1980) de John Carpenter. *Un Manhattan-prison dans lequel le pouvoir est à celui qui est le plus fort pour le saisir. Une violente critique de la société américaine et de ses cités barbares...* – **Blade Runner** (1982) de Ridley Scott. *Los Angeles du futur, ville-piège dans laquelle on ne sait qui est un homme réel ou un « répliquant »...* – **Brazil** (1985) de Terry Gilliam. *Ville de pouvoir totalitaire dans laquelle une belle camionneuse se révolte avec un plombier. Il y a un bel hommage au « Cuirassier Potemkine » (1925) d'Eisenstein.* – **Batman** (1989) de

Tim Burton. Et sa suite « **Batman le défi** » *(1993). Le personnage principal est Gotham City, ville piège, territoire des luttes entre le bien et le mal, lieu de pouvoir convoité par la pègre... (Nous ne parlerons pas des autres « Batman », moins intéressants)* – **Total Recall** (1990) de Paul Verhœven. *Ici nous sommes sur Mars où tout est trompeur dans la ville sous cloche. Celui qui contrôle la fabrication de l'air a le pouvoir...* – **Le Jour de la bête** (1995) d'Alex de la Iglesia. *Madrid, lieu de prédilection du fascisme qui exécute froidement les rebuts de la société (Dans le film, pas dans la réalité...). Voilà la véritable image du diable, celle de la violence contre les plus faibles et celle de la violence de la télévision à la Berlusconi...* – **La Cité des enfants perdus** (1995) de Caro et Jeunet. *Dans cette cité, il y a quelqu'un qui ne rêve jamais. Il enlève alors les enfants pour leur piquer leurs rêves. Il y a aussi une puce savante, une institutrice méchante siamoise, six clones, (!) et une jolie petite Miette...* – **Los Angeles 2013** (1996) de John Carpenter. *Cette fois c'est la cité du cinéma qui sert de terrain d'action à l'homme au bandeau sur l'œil. Après un tremblement de terre qui a tout simplement englouti Hollywood.* – **Nirvana** (1997) de Gabriele Salvatores. *Nous sommes peut-être à Milan, ville devenue tentaculaire, véritable tour de Babel dans laquelle les êtres humains tentent de se comprendre, souvent en se connectant, au sens informatique du terme...* – **Phantoms** de Joe Chappelle (1998) *un village américain est dévasté par une entité vieille comme le monde...* –

Dark City d'Alex Proyas (1998) *une ville qui se reconstruit tous les jours et ses habitants oublient.*

Je me suis arrêté en 2004, car j'ai réalisé ces filmographies en 2004...

INDEX

Abandonnée, 50

Alice au pays des merveilles, 68

Alien, 6, 16

Alien Apocalypse, 43

Alien le huitième passager, 94

Alraune, 25

Anaconda, le prédateur, 33

Antre de Frankenstein (L'), 90

Armand Jacques, 74

Armée des ténèbres (L'), 31

Aronofsky Darren, 46

Ash Vs Evil Dead, 71

Au-delà du réel, 81

Bartlett Michael, 61

Batman, 94, 97

Batman le défi, 94, 98

Batzella Luigi, 30

Bayona J.A., 69

Becker Josh, 43

Being Human, 91

Being Human, la confrérie de l'étrange, 91

Belle au bois dormant (La), 68

Benioff David, 62

Bilbo le Hobbit, 11

Blade Runner, 97

Blair Witch 2, 95

Blanche Neige, 95

Blanche Neige et le chasseur, 68

Body Snatchers, 23, 26

Brazil, 97

Breatnach Paddy, 48
Brett, 7
Brevig Eric, 53
Burton Tim, 37, 68
Cabale, 94
Cabane dans les bois (La), 59
Candyman, 94
Candyman 2, 94
Carreras Michael, 29
Cass Henry, 27
Cauchemar de Dracula (Le), 93
Centre Terre 7e continent, 30
Cerda Nacho, 50
Cervi Tonino, 95
Chambre des tortures (La), 93
Chaperon rouge (Le), 88
Charmed, 96
Chose d'un autre monde, 54

Chose d'un autre monde (La), 11
Chose d'un autre monde (La), 23, 26
Cité des enfants perdus (La), 98
Cité des femmes (La), 97
Cobra Woman, 65
Compagnie des loups (La), 82
Condon Bill, 89
Corbeau (Le), 93
Corman Roger, 12
Corps et le fouet (Le), 93
Coscarelli Don, 8, 66
Craven Wes, 96
Créature du Lagon (La), 31
Créature du marais (La), 31
Creepshow, 30
Creepshow 2, 31

Cri dans l'océan (Un), 29

Crocs de Satan (Cry of the Banshee) (Les), 80

Crocs de Satan (Les), 95

Crow (The), 16, 94

Crow la cité des anges (The), 94

Crow Salvation (The), 94

Cuaron Alfonso, 86

Cuirassier Potemkine (Le), 97

D'Amato Joe, 30

Dangereuse alliance, 95

Daniel Rod, 82

Dante Joe, 81

Dark City, 16, 99

Darkly Noon, 33

del Toro Guillermo, 44

Delplanque Lionel, 38

Demichelli Tulio, 79

Dents de la mer (Les), 34

Détour mortel, 40

Die Farbe, 58

Dog soldiers, 84

Dracula, 93

Dracula contre Frankenstein, 79

Dracula prince des ténèbres, 93

Drzick Lynn, 35

Duffer Matt, 71

Duffer Ross, 71

Dunne Griffin, 95

Eden Log, 9

Elkins Tom, 64

Enfants du Maïs (Les), 7

Ensorceleuses (Les), 95

Entretien avec un vampire, 94

Été de la peur (L'), 96

Event Horizon, 6, 16, 17

Event Horizon, *le vaisseau de l'au-delà*, 94

***Evil Dead*,** 19, 31, 38

Evil Dead 2, 31

Exit Humanity, 60

Extraterrestrial, 67

Fawcett Fawcett, 90

Fawcett John, 83

Fellini Roma, 97

Ferrara Abel, 26

Fiancée de Frankenstein (La), 25, 93

Fille du loup-garou (La), 78

Finney Jack, 27

Fisher Terence, 78

Fountain (The), 46

Francis Freddie, 28

Francis Freddy, 27

Frankenstein, 93

Frankenstein et le monstre de l'enfer, 93

Frankenstein rencontre le loup-garou, 77

Frankenstein s'est échappé !, 93

Fregonese Hugo, 79

Friedkin William, 32

Full Eclipse, 83, 90

Galeen Henrik, 25

Game of Thrones (Le Trône de fer), 62

Gates Kevin, 61

Geddes John, 60

Ginger Snaps, 83, 90

Goddard Drew, 59

Golem (Le), 93

Gothic, 94

Gremlins 2, 12

Hansel et Gretel, 65

Hardwicke Catherine, 88

Hardy Robin, 30

Harlin Renny, 43

Harry Potter et le prisonnier d'Azkaban, 86

Haunting in Connecticut 2 (The) – Ghosts of Georgia, 64

Hellraiser le pacte, 94

Hessler Gordon, 80, 95

Hobbit (The), 62

Hobbit : la Bataille des Cinq Armées (Le) du même, 63

Hobbit : la désolation de SMAUG (Le), 63

Hocus Pocus, 95

Homme invisible (L'), 37

Hooper Tobe, 31

House, 56

Huan Vu, 58

Hunger Games, 63

Hurlements, 81

Hurlements 2, 82

Husk, 58

Hypnotic, 94

Ils, 49

Impasse aux violences (L'), 93

In the Woods, 35

Interstellar, 7, 69

invasion des profanateurs (L'), 26

Invasion des profanateurs (L'), 23

Invasion des profanateurs de sépulture (L'), 23

Jackson Peter, 39, 40, 62, 63

Jones Mark, 32

Jour de la bête (Le), 98

Kaufman Philip, 26

Kenan Gil, 68

King Kong, 34

Kurtzman Alex, 72

Labute Neil, 46

Labyrinthe de Pan, 8

Labyrinthe de Pan (Le), 44

Lake Placid, 56
Lambert Mary, 32
Landis John, 81
Le train des épouvantes, 28
Légende du loup-garou (La), 81
Leprechaun, 32
Leprechaun 3, 33
Levin Henry, 27, 78
Llosa Luis, 33
Logan John, 91
Lopez Eguiluz Enrique, 78
Los Angeles 2013, 98
Loup-garou (Le), 37, 77
Loup-garou de Londres (Le), 81, 82
Loup-garou de Paris (Le), 81, 82
Lubin Arthur, 56
Lycanthropus, 78
Ma femme est une sorcière, 95

Ma Sorcière bien aimée, 96
Maîtresses de Dracula (Les), 93
Maléfique, 68
Mama, 8, 64
Mandragore, 8
Mandragore (La), 25
Marlind, 89
Marque du vampire (La), 93
Marshall Neil, 84
Masque du démon (Le), 93, 95
Massaccesi Aristide, 30
Massacre à la tronçonneuse, 38
Metropolis, 97
Monde fantastique d'Oz (Le), 68
Moosmann Daniel, 74
Mora Philippe, 82
Moreau David, 49
Morneau Louis, 89

Murnau, 25
Muschietti Andy, 64
Myrick Daniel, 36
Mystère du château noir (Le), 93
Neil Jordan, 82
Neill Roy William, 77
Neuvième porte (La), 95
New York 1997, 97
Nichols Mike, 82
Nietzsche, 24
Nirvana, 98
Nispel Nispel, 55
Noires sont les galaxies, 74
Nolan Christopher, 69
Nosferatu, 12, 25, 87, 93
Nuit du loup-garou (La), 78, 93
Nuit en enfer (Une), 83, 94
Nurse, 32
Nyby Christian, 26

Ombre et la proie. (L'), 34
Pacte du sang (Le), 43
Palud Xavier, 49
Penny Dreadful, 91
Petite boutique des horreurs (La), 12
petite fille qui aimait Tom Gordon (La), 7
Peuple des abîmes (Le), 29
Peur bleue, 82
Phantoms, 98
Phénomènes, 7, 52
Poltergeist, 9, 31, *68*
Poltergeist II, 32
Poltergeist III, 32
Presence (The), 56
Prévert Jacques, 20
Projet Blair Witch (Le), 36, 38, 95
Promenons-nous dans les bois, 38
Provost Tom, 56
Proyas Alex, 99

Quelques minutes après minuit, 69

Raimi Sam, 68, 71

Raimi Samuel, 31

Razorback, 34

Récupérateur de cadavres (Le), 93

Retour de Frankenstein (Le), 93

Revanche de Frankenstein (La), 93

Révolte des Triffides (La), 27

Ridley Philip, 33

Romero George A. A., 30, 96

Ross Gary, 63

Ruines (Les), 12, 54

Russel Ken, 81

Salkow Sidney, 28

Sanchez Eduardo, 36

Sanctuaire, 94, 95

Sanders Ruppert, 68

Sang du vampire (Le), 27

Schmidt Rob, 40

Season of the witch, 96

Seigneur des Anneaux, 10

Seigneur des anneaux (Le), 39

Seigneur des anneaux (Le) : les deux tours, 40

Seigneur des anneaux Le)

  le retour du roi, 40

Sekely Steve, 27

SHROOMS (Un trip d'enfer, 13

SHROOMS (Un trip d'enfer), *48*

Shyamalan M. Night, 42, 52

Siegel Don, 26

Signes, 6

Simetierre, 9, 32

Simetierre 2, 32

Simmons Brett, 58

Slade David, 89

Sleepy Hollow, 32, 37, 72

Smith Carter, 54

Solvay Paolo, 30

Sommers Stephen, 41, 84, 94

Sorcellerie à travers les âges (Häxan) (La), 95

Sorcière (La), 95

Sorcière sanglante (La), 93, 95

Sorcières d'Eastwick (les), 95

Sorcières du lac (Les)-, 95

Spawn, 94

Star Trek premier contact, 94

Stein, 89

Stigmata, 35

Stranger Things, 71

Stromberg Robert, 68

Survivante (La), 8, 66

Suspiria, 95

Tapert Rob, 71

Tatopoulos Patrick, 88

Teen Wolf, 82

Terreur, 93

The Fountain, 10

Thing (The), 11

Total Recall, 98

Tour de Londres (La), 93

Trenchard-Smith Brian, 33

Twice-Told Tales, 28

Twilight chapitre 3 hésitation, 89

Twilight chapitre 4 Revelation 1ère partie, 89

Twilight chapitre 5 Revelation 2ème partie, 89

Underworld, 84, 94

Underworld : Nouvelle ère, 89

Underworld 2 evolution, 87

Underworld 3 Rise of the Lycans, 88

Vampires, 94

Vampires du Dr Dracula (Les), 78

Van Helsing, 41, 84, 94

Vendredi 13, 55, 56

Vicious Brothers (The), 67

Vierges de la pleine lune (Les), 30

Vierges de Satan (Les), 93

Village (Le), 42

Village (Le), 6

Virus, 29

Voyage au centre de la Terre, 27

Wadleigh Michael, 81

Waggner George, 77

Wainwright Rupert, 35

Waller Anthony, 82

Warlock, 56

Weiss D.B., 62

Werewolf, 89

Whale James, 25

Wicker Man, 30

Wicker Man (The), 46

Willing Nick, 94

Wirkola Tommy, 65

Wiseman Len, 72, 84, 87, 94

Wolf, 82

Wolfen, 81

World of the Dead (The Zombie Diaries 2), 61

Wynorski Jim, 31

X-Files, 7

Table des matières

INTRODUCTION	**5**
RÉFLEXIONS	**15**
CHRONIQUES DES FILMS	**25**
SÉRIES TÉLÉ	**71**
UNE SERIE TÉLÉ FRANÇAISE	**74**
LOUPS-GAROUS	**77**
FILMS GOTHIQUES	**93**
SORCIÈRES	**95**
VILLES FANTASTIQUES	**97**
INDEX	**101**

www.ingramcontent.com/pod-product-compliance
Lightning Source LLC
Chambersburg PA
CBHW070303230526
45470CB00002B/698